이야기대화식 책별 성경연구 » 구약

SERIES

이대희 지음 | 바이블미션 편

다니엘

엔크리스토
ENCHRISTO

이야기대화식 책별 성경연구 시리즈를 펴내면서

그리스도인이라면 누구나 한 가지 소망이 있습니다. 그것은 성경 66권을 공부하는 일입니다. 이 일이 쉽지는 않지만 누구나 한 번쯤 도전하고 싶을 것입니다.

성경을 공부하는 방법으로는 보통 주제별, 제목별, 개관별 등의 방법이 있지만, 성경공부의 진수를 맛보려면 책별 성경공부 이상 좋은 것이 없습니다. 새롭게 편성하여 주제를 맞추어 공부하는 것보다는 성경 자체를 가감 없이 공부하는 것이 더욱 필요합니다.

이런 의도에서 필자는 엔크리스토 성경대학을 통하여 수강생들과 같이 수년 동안 책별로 매년 한 권씩 연구해 나가고 있습니다. '이야기대화식 책별 성경연구 시리즈'는 그동안 성경대학에서 워크숍을 통해 함께 연구한 것을 토대로 다시 정리하고 펴낸 시리즈입니다. 탁상에서 집필한 것을 현장에서 사용함으로써 피드백을 거친 정통한 시리즈입니다. 어려운 작업이지만, 성경 66권 모두를 연구하고 펴낼 수 있기를 기도합니다.

성경을 공부하는 것은 영적 성장에 있어서 대단히 중요한 일입니다. 설교를 듣는 것으로는 영적 성장에 한계가 있습니다. 신앙의 홀로서기를 위해서는 개인적인 성경연구와 소그룹을 통한 성경공부가 필수입니다. 어느 한쪽으로 치우치지 않고 균형잡힌 신앙, 즉 하나님이 원하시는 온전한 신앙으로 자라기 위해서는 성경 자체를 공부해야 합니다.

그동안 한국 교회에서는 주로 강해설교를 통해 성경공부를 했습니다. 그러나 이제는 한 걸음 더 나아가 성도들이 그룹으로 성경 본문 자체를 연구하면서 스스로 성경을 보는 눈을 키워야 합니다. 이를 위해선 누구나 여행하는 마음으로 성경 속으로 들어가 공부할 수 있는 책별 성경공부가 필요하다는 생각이 들었습니다. 그래서 한국 상황에 맞는 이 시리즈가 탄생하게 되었습니다.

성경을 점점 더 멀리하는 이 시대이지만 주님께서는 성경을 통해 믿음이 다음 세대까지 전수되고 말씀을 통해 주님의 제자가 세워지기를 간절히 원하십니다. 저 또한 이야기대화식 성경연구 시리즈가 말씀을 회복하는 일에 쓰이기를 원합니다. 본 교재를 통해 성경의 참맛을 느끼고 말씀의 재미를 경험한다면 이보다 더 의미 있는 일은 없을 것입니다.

그동안 많은 분들이 이야기대화식 성경연구 방법을 현장에 적용하면서 성경을 보는 눈이 열리고 말씀을 재미있게 보게 되었다고 고백하고 있습니다. 이 교재를 사용하는 분들에게도 같은 은혜가 있기를 기도합니다. 말씀을 나누는 각 교회 현장에서 성경이 살아나고 영혼이 살아나며 교회와 가정과 이웃과 민족이 생기를 얻는다면 이보다 더 좋은 일은 없을 것입니다.

말씀을 통한 새 역사를 꿈꿉니다. 또 말씀이 동력이 되어 교회와 개인의 신앙이 성장하기를 소원합니다. 우리의 모든 삶은 세상적인 경험이나 사조, 유행이 아닌 말씀에서 나와야 합니다. 모든 것의 근원인 말씀에서 삶과 프로그램이 나온다면 그것이야말로 말씀의 성육신을 이루는 삶이라 할 수 있습니다. 이야기대화식 책별 성경연구 시리즈가 말씀의 생활화를 이루는 초석이 되기를 기도합니다.

성서사람 · 성서교회 · 성서한국 · 성서나라가 이루어지는 그 날을 꿈꾸며

이 대 희

교 재 의 특 징

1. 성경 전체 66권을 각 권별로 자유롭게 선택하여 사용할 수 있는 성경공부입니다.

2. 드라마를 보며 여행을 하는 재미를 경험하는 내러티브 성경공부입니다.

3. 모든 세대(중등부~장년부) 누구나 참여할 수 있는 총체적 성경공부입니다.

4. 이야기와 대화를 사용하는 소그룹, 셀그룹, 구역 등에 적합한 성경공부입니다.

5. 다양한 상황(성경강해, 기도회, 성경공부 모임)에 응용할 수 있는 성경공부입니다.

6. 성경 전체를 체계적으로 연구할 수 있는 성경공부입니다.

7. 장기적으로 신앙성장을 이루는 균형 잡힌 평생 양육 성경공부입니다.

8. 귀납적 방법과 이야기대화식 방법을 조화시킨 한국 토양에 맞는 성경공부입니다.

9. 말씀의 능력을 체험하면서 삶의 변화를 이루는 역동적 성경공부입니다.

10. 성경 속으로 누구나 쉽게 다가서며 말씀의 깊이를 체험하는 성경공부입니다.

11. 영적 상상력과 응용력을 키워주는 창의적 성경공부입니다.

차 례

교 재 사 용 에 앞 서

1 책별 성경연구 시리즈는 연속극처럼 연결되는 맛이 있으므로 장면 장면이 서로 이어지게 하면서 하나의 이야기로 이끌어가도록 합니다.

2 어떤 사상이나 교리보다는 성경말씀 자체를 사랑하며 말씀이 나를 보도록 하고 오늘 나에게 주시는 음성을 듣는 데 초점을 맞춰야 합니다.

3 교재에 너무 의지하기보다는 교재에 나와 있는 질문을 중심으로 각자 새롭게 상황에 따라 창의적으로 만들어가면서 본문 말씀 안으로 들어가도록 합니다.(Tip은 먼저 보지 말고 이해되지 않을 때 참고)

4 성경을 연구하면서 점차 성경을 보는 눈과 능력을 배양하고 성경 안으로 깊이 들어가는 데 목표를 둡니다.

5 일방적인 강의보다는 소그룹에서 대화를 나누는 방식으로 그룹 활성화를 이루어 성경공부의 흥미를 유발합니다. (자세한 인도자 노하우는《이야기대화식 성경연구(이대희 저, 엔크리스토 간)》를 참조)

6 성경책별의 유형을 잘 살펴서 그것에 맞는 특징을 살리면 더욱 성경공부가 흥미롭습니다.

7 책별 성경연구는 각 과가 장면 형태로 구성되어 있고 기존의 지식형 공부방법을 탈피하여 드라마나 영화장면을 보는 것처럼 입체적 상상력을 갖고 성경을 공부하는 방식입니다.

8 각 과가 진행될 때 해당하는 과를 모두 마쳐야 한다는 중압감을 벗고 상황에 따라 과를 두 번에 나누어 진행하는 등 성령의 인도에 따라 진행을 자유롭게 하는 것이 좋습니다.

그리스도인 이라면 누구나 갖는 한 가지 소망……

이 한 권에 담긴 이야기의 소망……

Narrative

다니엘

Narrative / 다니엘

1. 배경과 개관

1) 저자

'다니엘' 이란 이름의 뜻은 '하나님은 나의 심판자이시다' 이다(다—심판, 니—나의, 엘—하나님). 다니엘이 바벨론에 포로로 잡혀갈 때 그는 10대 소년이었다. 다니엘은 포로로 잡힌 첫 번째 왕족이었다. 바벨론의 포로정책 중에 하나는 광맥의 정수를 이송시키고, 그들을 훈련하고 의식화하여 이스라엘을 다스리게 하는 일이었다. 다니엘은 60년 동안 바벨론에서 사역을 했다. 다니엘은 에스겔보다 8~9년의 선배이면서 동시대 사람이다(에스겔은 포로가 된 지 5년 만에 예언자로 부름을 받았다(겔 1:1~2)).

다니엘은 느부갓네살, 벨사살, 다리오, 고레스 등 네 명의 통치자와 바벨론, 메대, 바사의 세 왕국을 거쳤다. 우상을 섬기는 이방세계에서 무려 75년간 하나님의 충성된 증인으로 산 것이다. 다니엘에 대해 성경은 그가 의롭고(마 24:15), 지혜롭고(겔 28:3), 왕가에서 태어난 고귀한 사람(단 1:3, 6)으로 소개하고 있다. 요약하자면 용모는 준수하고 지적으로 뛰어난 인물이었다. 고레스 3년(주전 536)까지 살았다고 기록된 것을 보면 느부갓네살 포로 당시(주전 605) 16세였던 다니엘은 85(90)세가 되었을 것으로 여겨지고, 포로 귀환시 돌아가지 않고 포로지에서 남아 90세 정도에 죽었으리라고 본다. 다니엘은 주로 전국을 다스리는 통치자로서 살았다.

2) 시대적 배경

다니엘 서를 이해하기 위해서 당시 시대적 상황을 살펴보자. 이스라엘은 남유다의 요시아 왕이 이집트 왕 느고에게 므깃도 전투에서 살해된(주전 609년) 이후에 주변 강대국이었던 앗수르, 이집트, 바벨론 왕국에게 고난을 당했다. 이때가 이스라엘 역사 가운데 가장 어려운 시기다. 다니엘 서를 이해하려면 다니엘이 바벨론에 포로로 잡혀간 후에 바사 시대와 다니엘의 예언에 나타난 헬라와 로마 시대의 역사를 간략하게나마 알고 있어야 한다.

(1) 남쪽 요시아 왕에서 시드기야 왕까지(605~587)의 고대 근동 지역의 국제 정세

200년 동안 지배했던 앗수르가 626년 아술바니발(Ashurbanipal)의 죽음으로 급격히 약화되면서 그 자리를 차지하기 위하여 이집트와 바벨론이 움직였다. 느보(Nabopolassar)가 625년에 바벨론 왕국을 탄생시켰고 616년에 앗수르 수도를 향해 진군하였다. 이집트 왕 사메티쿠스 1세가 앗수르 패잔병과 합세하여 바벨론에게 대적하는데, 메대(Mede)가 바벨론과 합세하면서 전세가 판가름 나 결국은 앗수르 수도가 함락되었다(612). 이집트 느고 왕은 앗수르를 돕기 위해 유브라데스 강 기슭의 갈그미스로 출정했는데(609) 요시아 왕이 중간에 므깃도로 군대를 보냈으나 참패했다. 그리고 요시아 왕이 활에 맞아 중상을 당한 후에 예루살렘에 이르러 죽었다. 그의 아들 여호아하스가 23세에 왕이 되었으나 여호아하스가 이집트 인질로 끌려가고 그의 형 여호야김(엘리아스)이 그 뒤를 이었다.

605년 갈그미스에서 근동의 통치권 쟁탈 전쟁(바벨론 연합군과 앗수르-이집트군)이 벌어져 바벨론이 대승을(앗수르 완전히 멸망) 거두었다. 바벨론이 유다를 침략하여 포로로 잡아갔으며(1차 포로/ 다니엘과 세 친구 잡혀감) 601년 바벨론과 이집트 전투는 무승부로 그쳤다. 598년 바벨론이 유다를 침략하였고(여호야김 죽음) 결국 597년에 유다는 함락되었다.

왕에 오른 여호야김과 에스겔은 2차 포로로 잡혀갔다. 바벨론은 시드기야를 꼭두각시로 세워 통치했으나 시드기야 왕은 바벨론을 배반하고 이집트에 충성했다. 바벨론이 다시 침략했으나 도와주겠다던 이집트의 약속은 무산되었고 결국 1년 버티다가 587년에 예루살렘 성벽이 바벨론에 의해 무너지고 말았다. 시드기야는 도망가다가 잡혔는데 모든 아들이 죽임 당하고 시드기야는 두 눈이 뽑힌 채로 바벨론의 포로로(3차 포로) 잡혀 가게 되었다.

① 바벨론(주전 625~538)

느보(주전 625~605년) 왕 때 앗수르에서 독립한 신 바벨론으로 그의 아들 느부갓네살(Nebuchadnezzar 2세, 주전 605~562년)이 통일한 대제국이었으나 주전 538년 메대/바사의 고레스에 의해 멸망당했다.

② 메대/바사(주전 538~330)

고레스 2세(주전 559~529년)가 바벨론을 멸망시킨 대제국으로 후에 이스라엘 백성을 해방시켜 주었다.

③ 헬라(주전 330~321)

알렉산더 대왕이 이룩한 대제국으로 그가 죽은 후에 부하들에 의해 나라가 네 개로 갈라졌다. 마게도냐, 팔티아, 수리아, 애굽이 그것이다. 그

중에서 수리아가 가장 강성하였고 팔레스틴이 그들의 지배를 받았다. 팔레스틴은 프톨레미스 왕가의 지배를 받았고 그 후에 수리아의 안티오커스 에피파네스의 잔인한 박해를 받았다. 수리아에 대항하여 일어난 유대인의 마카비 독립운동으로 잠시 자유를 누렸으나 다시 로마의 분봉왕 헤롯이 팔레스틴을 통치하게 된다.

3) 다니엘서에 나타난 왕국들

	2장	7장
바벨론	황금으로 된 머리	독수리 날개 달린 사자
메대 / 바사	은으로 된 팔과 가슴	세 개의 갈빗대를 둔 곰
그리스	동으로 된 넓적다리	네 개의 머리를 가진 표범
로마	철로 된 다리	용처럼 생긴 짐승
적그리스도	철과 진흙으로 된 발가락	작은 나팔
그리스도	날아와서 친 돌	옛적부터 계신 이의 통치

(1) 특징

① 다니엘 서는 구약의 대표적인 묵시문학이고 신약 요한계시록의 배경에 해당되며 계시록의 전편과 같다. 다니엘 서 없이는 요한계시록을 해석할 수 없다.

② 히브리 성경에는 다니엘 서가 예언서에 포함되지 않고 성문서(케투빔)에 들어 있다(에스더, 다니엘, 에스라, 느헤미야, 역대기와 같이). 그런 이유로 다니엘 역시 예언자로 말하고 있지 않다. 반면에 그들은 다니엘 서를 지혜의 책으로 보면서 다니엘을 기도와 지혜의 인물로 여기고 있다. 지금의 개역성경은 70인역의 배열 순서를 따르고 있다. 예수님은 다니엘을 선지자로 불렀고(마 24:15), 다니엘 서가 세상의 종말론적인 역사까지 다루고 있기에 이를 예언서로 구분하지만 내용적인 면

에서는 지혜문학의 요소가 강하게 나타나고 있다.

③ 다니엘 서의 주제는 '하늘에 한 하나님이 계시다' (2:28)는 것과 '가장 높으신 분이 인간의 왕국을 통치한다' (4:25)는 내용으로 하나님이 이 세상의 모든 일을 주관하신다는 것을 전체적으로 강조하고 있다. 다니엘은 그분이 등치하시는 세계 역사의 전모와 그 역사의 종말에 실현될 메시아 왕국을 말하고 있다.

④ 천사론(가브리엘, 미가엘의 이름이 명시, 10:13, 21, 12:1), 메시아론(7:13~14, 인자라는 말과 주님의 재림을 강조하며 적그리스도까지 보여주고 있다), 종말론(부활과 심판을 말한다. 영원한 심판—요 5:29; 계 20:4~6, 11~15)이 임하며, 종말적 징조(9:24, 11:32, 12:4, 11~12)에 관한 신학사상이 분명하다. 다니엘 서는 구약신학에서 신약신학으로 가는 가교적인 역할을 한다.

⑤ 70년 바벨론 포로의 이스라엘 역사를 기록해 주고 있다. 메시아가 오실 때까지 이스라엘 백성의 미래상을 보여준다는 점에서 하나님의 역사와 세계관을 다루고 있다. 다니엘 서에 강조된 몇 가지 사상은 스가랴 서에 이어지고 요한계시록에서 절정을 이룬다.

⑥ 다니엘 서의 핵심적인 사상은 인간의 눈에 보이는 현실은 하나님의 전부가 아니라는 것이다. 패한 것 같으나 승리를, 없는 것 같으나 있는 것을, 잠시나 영원한 것을, 육적인 것 같으나 그 위에 영적인 세계를, 사람이 지배하는 것 같으나 하나님이 지배하는 삶을 그리고 있다. 다니엘 서는 '끝까지 인내하며 하나님이 주신 약속의 소망을 품고 주의 신실하심을 바라보면서 하나님의 세계관과 가치관을 갖고 나가면 분명히 승

리의 삶이 찾아온다' 는 내용이 들어 있다.

(2) 언어

다니엘 서는 두 개의 언어로 기록되었다. 1:1~2:4, 8~12장은 히브리어로, 2:4~7:28은 아람어로 기록되었다. 곧 ABA 언어적인 구조를 갖고 있다. 다니엘 서는 한 작품이지만 두 개의 대상이 포함되어 있다. 하나는 이스라엘 백성에 대한 하나님의 계획이고, 다른 하나는 이방인에 대한 예언으로 그들의 언어로 기록되었다. 또한 특이하게 이스라엘과 이방나라에 대한 이야기를 그리고 있다.

(3) 구조적인 특징

1~6장은 다니엘 당시의 역사적인 기록이다. 7~12장은 다니엘이 본 환상이다. 중심 메시지는 전 · 후반 동일하게 '하나님은 전능하시고 자기를 경외하는 백성에게 신실하시며 모든 나라를 통치하시고 그의 약속과 의지를 분명하게 이루신다' 는(천년왕국의 시대까지 언급) 내용이 주를 이루고 있다. 바벨론 70년 포로 생활의 내용을 기록했다는 의미에서 다니엘 서는 중요하다. 다니엘 서는 요한계시록에서 그 절정을 이룬다.

이방 왕들을 언급한 구조를 보면 느부갓네살(1~4장)—벨사살(5장)—다리오(6장)—벨사살(7~8장)—다리오(9장)—고레스(10장)로 이어지고 있다. 곧 ABCBCD형태의 구조로 되어 있다. 이런 면에서 보면 7장은 전반부인 2~6장과 후반부인 8~12장을 연결하는 장으로 다니엘 서의 통일성과 이중성을 부여하는 허리와 같은 장이라 할 수 있다.

· 교차 대구적인 구조

—2장과 7장: 미래의 왕국들에 대한 유사한 환상들을 기록하면서 영원한 하나님의 나라로 마무리

—3장과 6장: 기적적인 구원의 이야기
—4장과 5장: 바벨론의 두 왕의 멸망에 대한 이야기

(4) 문학 양식

묵시문학 중 제일 큰 책이다. 묵시(apocalypse)는 헬라어 '아포칼뤼퓌시스' 에서 나온 말로 계시, 개봉, 나타냄을 의미한다.

· 묵시문학의 특징

—하나님께서 주신 환상을 본 사람은 그대로 기록하였다.
—상징이나 기호를 사용한다.
—하나님의 백성과 이스라엘 백성에 대한 하나님의 계획을 말한다.
—운문보다 산문을 사용한다.

4) 핵심 메시지

다니엘 서는 세상 속에서 사는 그리스도인이 어떤 신앙의 자세를 가져야 할지 말해주고 있다. 비록 악한 세상 속에 있지만 하나님의 주도권을 갖고 살아가는 존재로서의 그리스도인의 정체성을 그리고 있다. 죄악과 핍박 가운데서도 믿음을 끝까지 지키면서 우주를 통치하시는 하나님의 대리자로 세상의 역사를 주도하라는 소망의 의미가 강하게 담겨 있다. 그러므로 다니엘 서를 설교하거나 삶에 적용할 때는 부분적인 구절에 매이기보다는 전체적인 핵심 메시지를 잡고 이해해야 한다.

흔히 다니엘 서의 어느 특정 구절을 갖고 미래 세상에 대한 예언으로만 풀이하고 전개하기 쉬운데, 그보다는 절망적인 상황에서도 소망을 갖고 하나님의 약속을 믿으며 인내하면서 믿음을 지켜 나가라는 소망과 위로의 내용을 다니엘 서의 핵심 메시지로 적용하는 것이 바람직하다. 이것은 구약성경 전체의 메시지와도 일맥상통하며, 요한계시록도 같은 의미로 연결할 수 있다.

5) 다니엘 서 해석에서 주의할 점

- 상징적인 숫자에 너무 지나치게 의지하지 말라. 예를 들면, 예수님이 일흔 번에 일곱 번씩 용서하라고 하신 말을 글자나 숫자에 매여 490번 용서하라는 의미로 해석하는 오류를 범하지 말아야 한다. 이 말씀은 끝까지 용서하라는 의미로 해석해야 한다. 다니엘 서에 나오는 숫자에 대한 언급을 너무 계산적으로 맞추려는 것은 억지스러운 풀이가 되며 자칫 종말의 때까지 알 수 있다는 위험한 문제로 확대될 수 있다.
- 특정 부분을 세심하게 파고들기보다는 전체적인 메시지를 붙잡고 나가야 한다. 다니엘의 특별하고 개인적인, 그리고 상황적인 계시를 해석할 때는 객관성을 지녀야 한다. 때가 되면 승리하게 된다는 하나님 나라의 소망을 갖는 데 목표를 두어야 한다.

6) 지도

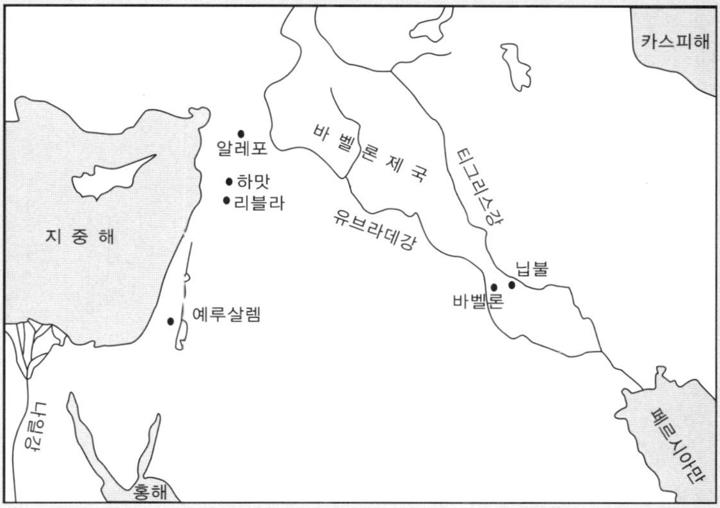

2. 이야기 다니엘 전체 구성

〉〉제1부 / 역사편(1~6장): 다니엘과 세 친구가 3인칭으로 나와 있으며, 바벨론 임금이 꾼 꿈을 풀이하는 인물로 등장한다.

1) 다니엘의 개인적인 역사(1장)

—사로잡힘과 헌신

2) 이방인에 대한 예언적 역사(2~7장)

—느부갓네살의 첫 번째 꿈(2장)

—느부갓네살의 신상(3장)

—느부갓네살의 두 번째 꿈(4장)

—벨사살의 잔치(5장)

〉〉제2부 / 계시편(7~12장): 1인칭, 다니엘이 꾼 꿈과 이상을 천사가 풀이해 준다.

—네 짐승의 환상(7장)

3) 이방인의 때에 이스라엘의 예언적 역사(8~12장)

—양과 염소의 환상(8장)

—70이레의 환상(9장)

—마지막 환상(10~12장)

SCENE 1

궁중에서 다니엘

| 성경 본문 | 다니엘 1:1~21

포로로 잡혀간 다니엘과 그의 세 친구가 바벨론의 궁중에서 지내는 이야기가 나오고 있습니다. 다니엘은 여호야김 4년에 바벨론에 1차 포로로 잡혀갔으며, 그의 세 친구와 더불어 궁중의 사람이 되었습니다. '시날' 땅은 바벨론을 가리키고 '자기 신의 묘' 는 바벨론의 신인 '벨과 마르둑' 의 전을 말합니다. 바벨론의 최고의 신 마르둑을 '벨' 로 불렀습니다.

'갈대아' 는 바벨론 지방을 가리키는데, 갈대아 학문이란 과학, 천문학, 문학, 마술이나 미신 등이 포함된 학문입니다. 환관장은 '감독하게 하는 자' 로 궁중의 술과 떡을 맡은 주방장 같은 직명입니다. 9, 17절은 저자가 해석한 삽입절입니다.

말씀의 살핌

세상의 시련(1~7절)

1. 바벨론 왕 느부갓네살은 예루살렘을 어떻게 점령하였습니까?(1~2)

2. 느부갓네살 왕이 예루살렘에서 가져온 두 가지는 무엇입니까?(2~3)

· 물건

· 사람

3. 1차 포로로 바벨론에 데려온 왕족과 귀족들은 어떤 사람이었는지 말해 보십시오.(4)

4. 바벨론 사람들은 데려온 히브리 소년들에게 두 가지를 훈련시켰는데, 그것은 어떤 훈련이며 훈련시킨 이유는 무엇입니까?(4~5)

5. 히브리인 세 소년의 이름과 바벨론 식으로 바꾼 이름을 말해 보십시오.(6~7)

· 다니엘(하나님이 심판하신다.)
· 벨드사살(여신, 벨이여 보호하소서.)
· 하나냐(하나님은 은혜로우시다. 하나님의 사랑을 받는 자)
· 사드락(태양신에게 배운다.)
· 미사엘(하나님이 누구신가.)
· 메삭(욕망과 신과 같은 자가 누구냐.)
· 아사랴(하나님은 나의 도움이시다.)
· 아벳느고(너는 느고의 종이다.)

다니엘의 도전(8~16절)

6. 다니엘은 이런 바벨론의 시험에 대해서 어떻게 도전의식을 갖고 시험을 이겨냈습니까?(8)

7. 다니엘이 뜻을 단호하게 정하는 것을 보고 환관장은 어떻게 대했습니까?(9~10)

8. 다니엘은 감독자에게 어떤 제의를 했습니까?(11~13)

9. 다니엘의 말대로 10일 동안 시험한 후에 어떤 결과가 나타났습니까?(14~16)

하나님의 승리(17~21절)

10. 하나님은 절개를 지킨 이 소년들에게 어떤 은혜를 베푸셨습니까?(17)

11. 기한이 차서 그들을 왕에게 데려갔을 때 어떤 일이 나타났습니까?(18~19)

12. 왕이 히브리 소년들을 보고 무엇이라 고백했는지 말해 보십시오.(20~21)

말씀의 깨달음

1. 사단은 우리를 세상에 초대하여 세상의 문화를 따르며 살도록 유혹합니다. 예를 들면 새로운 공동체(교사, 친구 등)나 지식, 음식 등의 새로운 이름입니다. 이런 세상적인 문화의 동질화가 주는 위험한 면을 말해 보십시오.(참고, 롬 12:1~2)

Tip 문화는 삶입니다. 문화로 들어오는 죄악은 생각보다 무섭고 위험합니다. 이슬처럼 슬며시 젖어들기에 자연스럽게 죄악에 물들게 됩니다. 그리스도인이 세상을 이기기 위해서 거룩한 문화를 만드는 일은 중요합니다. 바벨론의 이방 문화 중에서 음식은 아주 쉽게 접근할 수 있는 유혹이었습니다. 문화는 이름을 바꾸면서 정체성을 흔들어 놓습니다. 문화와 쉽게 타협하는 것은 영혼을 파괴하는 위험한 일입니다. 이스라엘 백성은 바알 문화로 유혹을 당했지만, 다니엘과 세 친구는 바벨론의 문화에 적응하도록 하는 전략에 자신을 지켰습니다.

2. 세상적인 문화의 유혹을 이기기 위해서 우리가 가져야 할 신앙과 지혜를 다니엘의 그것과 비교하여 말해 보십시오.(참고, 고전 10:19~20)

Tip 먹고 마시고 보고 입는 것을 조심해야 합니다. 그 안에 들어 있는 죄악의 특징을 잘 이해하고 하나님의 거룩한 몸을 세워 나가야 합니다. 몸이 무너지면 영혼도 무너집니다. 영과 몸은 하나입니다. 몸을 쉽게 내어주면 안 됩니다.

3. 신앙의 절개를 지키며 하나님의 뜻을 삶의 우선순위로 두었던 다니엘에게 베푼 하나님의 은혜가 주는 영적 교훈은 무엇입니까?(참고, 마 6:33~34; 요일 2:15~17)

Tip 자신을 정결하게 하고 하나님의 뜻대로 살려고 했던 다니엘과 세 친구에게 하나님은 지혜를 10배나 더해 위기를 극복하는 위대한 힘을 주셨습니다. 하나님은 세상과 타협하지 않는 믿음을 보시고 더 큰 은혜를 주십니다.

말씀의 실천

1. 오늘 깨달음과 도전을 주는 말씀은 무엇입니까?

2. 오늘 말씀을 통해 이번 주에 실천해야 할 사항은 무엇인지 삶의 적용을 위한 구체적인 실천계획과 함께 말해 보십시오.

3. 오늘 말씀을 통해 발견한 기도제목은 무엇입니까? 아울러 함께 기도의 시간을 가지십시오.

내가 깨달은 영적 교훈과 삶의 적용

SCENE 2

왕이 꾼 꿈

| 성경 본문 | 다니엘 2:1~13

바벨론 왕 느부갓네살은 앗수르를 정복하여 바야흐로 고대 근동의 최고 통치자로서 세상에서 성공합니다. 그러나 밤마다 꿈 때문에 잠을 이룰 수 없고 가위에 눌리면서 불안한 날을 보내야 했습니다. 외적으로는 성공했지만 내적으로는 불행한 나날을 보내고 있었습니다. 그것은 하나님께서 보여주신 꿈 때문입니다. 바벨론의 술사들이 모두 모여 왕의 꿈을 풀려고 했으나 해결하지 못하면서 자연스럽게 다니엘이 등장합니다. 바벨론(2:1, 7:1), 메대(6:1, 9:1), 바사(10:1) 세 나라의 역사가 다니엘과 같이 시작됩니다. 느부갓네살 왕은 다스린 지 2년이 되는 해에 두 가지 꿈을 꾸게 됩니다(2:31~45, 4:1~24).

말씀의 살핌

7인의 최고위원과 왕궁에서 벌인 돌발사건 대책회의

1. 느부갓네살 왕에게 어떤 일이 일어났습니까?(1)

2. 왕은 꿈을 기억하지 못하자 그것을 알아내려고 누구를 불렀습니까?(2)

3. 왕은 갈대아 술사들에게 무엇을 요구했으며 술사들은 어떤 반응을 보였습니까?(3~4)

4. 왕은 술사들에게 난해한 문제를 제시했는데, 그 내용은 무엇입니까? 그것을 해결하지 못한 결과가 무엇인지 말해 보십시오.(5~6)

5. 술사들은 왕에게 계속 무엇을 요구합니까?(7)

6. 이런 술사들의 요구를 묵살하고 왕은 무엇을 고집합니까?(8~9)

7. 갈대아 술사들은 어려운 문제에 직면하였습니다. 이것을 타개하기 위하여 어떻게 자기들의 생각을 말하고 있습니까?(10~11)

8. 술사들의 변명을 듣고 있던 왕은 참지 못하고 그들을 어떻게 했습니까?(12~13)

말씀의 깨달음

1. 왕에게 꿈을 꾸게 한 것은 하나님이십니다. 그리고 꾼 꿈을 잊어버리게 하신 것도 하나님이십니다. 인간이 풀기 어려운 문제를 제시하는 것을 통하여 발견되는 역사에 대한 하나님의 섭리를 말해 보십시오.(참고, 창 41:8; 에 6:1)

Tip 인간의 힘으로 도저히 풀 수 없는 꿈을 바벨론 왕에게 꾸게 함으로 결국 하나님의 사람 다니엘을 등장시킵니다. 하나님이 주신 것은 하나님만이 풀 수 있습니다. 나에게 준 시험이 하나님이 주신 것이라면 인간의 힘으로 해결할 수 없습니다.

2. 왜 갈대아 술사와 박수와 점쟁이들은 왕이 꾼 꿈을 알아내지 못했습니까? 왕이 꾼 꿈을 가르쳐주면 해몽해 주겠다고 반복해서 말하는 이유는 무엇입니까? 이것을 통하여 발견되는 세상의 술사와 점쟁이들의 문제점을 말해 보십시오.

Tip 세상 사람들은 하나님의 지혜를 알 수 없습니다. 그들에게 성경이 어려운 것도 이와 같습니다. 하나님의 영이 임하지 않으면 하나님의 말씀을 해석할 수 없습니다. 인간의 힘으로 하나님을 알 수 없습니다. 하나님이 도와주셔야 하나님의 뜻을 알 수 있습니다.

3. 왕의 꿈을 해몽하기 위하여 갈대아 전국에 있는 유명한 술사와 박수들과 점쟁이들이 모두 모였습니다. 그러나 그들이 꿈을 알아내지 못하자 왕은 그들을 모두 죽이려 하였습니다. 상식적으로 꿈을 알아내지 못한다고 죽이는 것은 너무 잔인한 처사이며 기본 상식에도 어긋난 일입니다. 이것을 통해 느끼는 영적 교훈을 말해 보십시오.

Tip 하나님이 애굽의 바로를 완악하게 하시듯이 바벨론 왕을 완악하게 하여 주인공 다니엘을 등장시키는 오묘함을 볼 수 있습니다. 모든 역사는 하나님이 주도하시는 것으로, 언제나 하나님께 순종하는 사람을 중심으로 진행하십니다.

말씀의 실천

1. 오늘 깨달음과 도전을 주는 말씀은 무엇입니까?

2. 오늘 말씀을 통해 이번 주에 실천해야 할 사항은 무엇인지 삶의 적용을 위한 구체적인 실천계획과 함께 말해 보십시오.

3. 오늘 말씀을 통해 발견한 기도제목은 무엇입니까? 아울러 함께 기도의 시간을 가지십시오.

내가 깨달은 영적 교훈과 삶의 적용

SCENE 3

하나님의 계시를 받은 다니엘

| 성경 본문 | 다니엘 2:14~30

해결을 위해 다니엘이 등장하면서 비로소 하나님의 사람 다니엘의 능력이 나타나게 됩니다. 위기는 곧 하나님의 역사를 이루는 기회가 됩니다. 다니엘은 명철과 슬기를 갖고 있었고, 그는 하나님께 그 꿈을 알려달라고 세 친구들과 함께 기도합니다. 하나님의 지혜와 능력을 받게 된 다니엘은 하나님의 깊은 뜻을 알게 되고 하나님을 찬양합니다.

말씀의 살핌

1. 왕의 시위장관 아리옥이 바벨론 박사들을 죽이러 나가는 것을 보고 다니엘은 자기에게도 위험이 다가오는 것을 알았습니다. 다니엘은 이런 위기를 어떤 지혜로 해결했습니까?(14~16)

2. 다니엘이 집으로 돌아가서 한 일은 무엇입니까?(17~18)

3. 기도한 후에 다니엘에게 하나님의 어떤 은혜가 임했습니까?(19)

4. 다니엘은 하나님을 이상 중에 만나서 어떻게 찬양했습니까?(20~23)

5. 다니엘은 아리옥에게 무엇을 요청했습니까?(24)

6. 다니엘이 왕의 꿈에 대해 어떻게 해석하겠다고 말했는지 몇 가지 특징을 말해 보십시오.(25~30)

말씀의 깨달음

1. 다니엘은 어려운 문제를 하나님께서 주신 지혜와 능력으로 해결해 나갔습니다. 특히 기도해서 얻었는데, 기도와 지혜의 관계를 말해 보십시오.(참고, 약 1:5; 마 7:7)

Tip 기도는 내가 원하는 것을 구하는 것이 아닌 하나님의 지혜를 구하는 것입니다. 나의 생각을 버릴 때 하나님의 지혜가 다가옵니다. 기도는 하나님의 지혜를 얻을 수 있는 통로입니다.

2. 왜 다니엘은 바벨론 박사들을 멸하지 말라고 부탁했습니까?

Tip 이렇게 된 것은 다니엘 자신을 등장시키기 위한 것이었습니다. 이것을 안 다니엘은 그들에게 자비를 베풀면서 하나님의 사랑을 전하고 주도권을 잡아가고 있습니다. 믿음은 넉넉함이요 여유요 원수에게 사랑을 베푸는 자비입니다.

3. 다니엘이 어떻게 하나님을 찬양했으며, 왕에게 어떤 꿈인지 알리겠다고 말한 내용을 통하여 꿈(영몽의 은사, 계시의 은사)에 대한 성경적 사용법을 말해 보십시오.

Tip 꿈을 해석하는 것은 전적으로 하나님에게 있습니다. 다니엘은 이것을 정확하게 알았습니다. 하나님께로 온 계시는 인간의 유익을 위해 사용하면 안됩니다. 자기를 드러내거나 목적을 이루기 위한 도구로 사용하면 하나님의 심판이 있습니다. 은사는 하나님과 공동체의 유익을 위하여 사용해야 합니다.

말씀의 실천

1. 오늘 깨달음과 도전을 주는 말씀은 무엇입니까?

2. 오늘 말씀을 통해 이번 주에 실천해야 할 사항은 무엇인지 삶의 적용을 위한 구체적인 실천계획과 함께 말해 보십시오.

3. 오늘 말씀을 통해 발견한 기도제목은 무엇입니까? 아울러 함께 기도의 시간을 가지십시오.

내가 깨달은 영적 교훈과 삶의 적용

SCENE 4

왕이 꾼 꿈의 재현과 해석

| 성경 본문 | 다니엘 2:31~49

다니엘은 느부갓네살 왕의 꿈을 해석하고 있습니다. 먼저 어떤 꿈을 꾸었는지 말하고 그 후 꿈에 대해 해석하고 있습니다. 왕이 본 큰 신상에 대해 이야기하면서 바벨론과 메대와 바사와 그리스와 로마 제국들의 흥망성쇠 과정을 해석해 주고 있습니다. 마지막에 언급되는 뜨인돌은 그리스도의 재림을 말하는 것으로 최후에 그리스도를 통한 하나님의 나라가 도래할 것임을 예언하고 있습니다. 이 꿈을 통해 우리는 역사의 주인이 하나님이시며 우연히 일어나는 역사의 과정이 알고 보면 이미 약속된 하나님의 계획에 의하여 이루어지고 있음을 알 수 있습니다.

말씀의 살핌

1. 다니엘이 왕이 꾼 우상에 대한 꿈을 하나님의 계시를 통하여 생생하게 재현하는 내용을 그림언어로 정리해 보십시오.(31~35)

우상의 모습(다니엘 7장과 비교)	재료의 내용
머리(사자)	
가슴(곰)	
배와 넓적다리(표범)	
종아리(둘)(열 뿔 달린 짐승)	
발(열 뿔 중에 작은 뿔) 뜨인돌의 원천(인자 같은 이)	
뜨인돌이 한 일	

2. 왕이 꾼 꿈에 대해서 다니엘이 어떻게 해석했는지 그 내용을 정리해 보십시오.(36~45)

꿈 내용	꿈 해석
첫째 나라/금-머리	
둘째 나라/은-가슴	
셋째 나라/청동(놋)-배와 넓적다리	
넷째 나라/철-두 종아리	
-발과 발가락(다섯 발가락, 단 7:24) -철과 진흙	
뜨인돌-우상을 부숴뜨림	

3. 왕의 꿈을 이야기하고 해석한 다니엘에 대해서 느부갓네살 왕은 어떻게 대했습니까?(46~48)

4. 다니엘은 이런 영광을 누구와 나누었습니까?(49)

말씀의 깨달음

1. 느부갓네살 왕은 앞으로 나타날 세계 역사의 청사진을 보여주는 놀라운 꿈을 꾸었습니다. 여기서 중요하게 발견되는 특징은 무엇이며 그것이 주는 의미는 무엇인지 말해 보십시오.

Tip 바벨론(신상을 금으로 덮음)은 독재국가였습니다. 메대/바사(은을 돈으로 사용)는 왕과 제후들이 통치했고 그리스(헬라는 놋, 동을 무기로 사용)는 왕과 군대가 통치했습니다. 로마(철을 무기로 사용)는 공화국(법과 군사)이 정치했습니다. 오늘날 우리 세계는 법과 인간이 통치합니다. 이들 대제국들은 당시는 대단했지만 결국 역사 속에서 사라졌습니다. 하나님의 심판을 받았습니다. 오늘날 아무리 대단한 일이라 해도 하나님을 거부하면 결국 심판을 받고 불행한 인생이 됩니다.

2. 뜨인돌은 사람이 만들지 아니하였다고 하는데, 그것이 주는 의미는 무엇입니까? 뜨인돌을 통하여 깨닫는 복음적 교훈을 말해 보십시오.(참고, 마 21:44; 벧전 2:4~8; 계 11:15)

Tip 뜨인들은 예수 그리스도를 상징합니다. 하나님의 본래적인 특징을 상징적으로 나타내는 것이 뜨인돌입니다. 결국 뜨인돌이신 예수님 앞에 모든 사람은 무릎을 꿇게 됩니다. 결국은 주님이 승리할 것입니다. 어떤 경우에도 우리들은 끝까지 주님을 배신하지 말고 신뢰하면서 나아가야 합니다.

말씀의 실천

1. 오늘 깨달음과 도전을 주는 말씀은 무엇입니까?

2. 오늘 말씀을 통해 이번 주에 실천해야 할 사항은 무엇인지 삶의 적용을 위한 구체적인 실천계획과 함께 말해 보십시오.

3. 오늘 말씀을 통해 발견한 기도제목은 무엇입니까? 아울러 함께 기도의 시간을 가지십시오.

내가 깨달은 영적 교훈과 삶의 적용

1. 바벨론(Babylon, 주전 625~556년)

니므롯과 바벨탑 후손들—함무라비 법전—앗수르의 통치 받음(주전 900~722)—앗수르에 대항하여 일어남(주전 722년, 므로닥발라단)—나브 왕이 바벨론 왕국을 세움(주전 626년)—앗수르가 니느웨 멸망으로 쇠퇴(주전 612년)—하란이 함락당하고 앗수르 제국이 사라짐(주전 610년)—바벨론 나브 왕의 아들 느부갓네살이 갈그미스 전투에서 애굽과 전쟁하여 이김으로 바벨론이 세상의 군주로 등장—아버지가 죽자 느부갓네살이 바벨론 왕이 됨(유대 침략. 1, 2, 3차에 거쳐 유대인들을 포로로 잡아감)—느부갓네살이 죽음(주전 562년)—아들 에윌므로닥이 주전 562년에 짧게 통치—나보니두스라는 앗수르 귀족이 왕이 됨(주전 556년)—아들 벨사살이 통치함—메대와 바사에게 점령당함(주전 556년, 단 5장)

2. 바사(persia, 주전 539~331년)

고레스 대제가 통치(주전 559년)—바벨론 성을 점령하여 벨사살 왕을 처형(주전 539년)—유다의 남은 자가 돌아가게 함—주전 529년 전사—아들 캠비세스 2세가 왕이 됨(애굽 정복)—자살하여 내란이 시작됨—다리오 대제가 왕이 됨(질서를 회복하여 제국을 살려냄)—마라톤 해전에서 그리스에 패배함(주전 490년)—그의 아들 아하수에로 왕(에스더에 나오는)이 통치하나 살라미스에서 그리스에게 패배(주전 480년)—아닥사스다 1세(느헤미야가 왕국을 중수할 때 통치하던 왕) 통치—다리오 3세(주전 335~331년) 알렉산더 대제에게 멸망.

3. 헬라(Greece, 주전 331~323년)

아테네의 민주적 지도자 페리클레스(주전 461~429년) 등장–역사상 위대한 인물들을 배출하여 황금기를 이룸(헤로도토스–역사의 아버지, 히포크라테스–현대의학의 아버지, 소크라테스 · 플라톤–철학자, 데모스테네스–유명한 웅변가)–헬라의 대표적인 도시국가였던 스파르타와 아테네 사이에 싸움이 일어나 스파르타가 두각을 나타냄–마게도냐 한 사람이 헬라를 정복함–마게도냐의 필립이 암살당함–필립의 아들 알렉산더가 등장하여 위대한 정복자가 됨(20세)–바사에 침략하여 정복함–알렉산드리아 성읍 건설–인도를 침략했다가 주전 323년에 인도에서 알렉산더가 죽음(32세)–강한 제국은 네 장군에 의하여 분열(프톨레미(애굽), 셀레우쿠스(수리아–안티오쿠스 에피파네스), 카산더(헬라와 마게도냐), 리시마쿠스(소아시아))

4. 로마(Rome, 주전 58~주후 476년)

로마의 이름은 설립 신화의 로물루스에서 나옴–로마와 카르타고 사이에서 일어난 포에니 전쟁에서 카르타고 사망(첫 번째, 두 번째 전쟁에서 한니발 등장–스키피오라는 로마 장군이 202년에 자마에서 한니발 장군을 무찌름–로마가 지중해 주인이 됨)–세 번째 전쟁(카르타고 시가 불에 탐)–63년 로마 장군 폼페이가 팔레스틴 정복–줄리어스 시저가 갈리아 전쟁에서 제국 건설(로마에서 암살)–옥타비아누스 시저에게 제국이 넘겨짐–31년에 악티움에서 안토니아와 클레오파트라를 쳐부숨–애굽을 로마 영토로 만듦–예수님이 태어남(옥타비아누스)–티베리우스 시저 계승

SCENE 5

신앙을 지키는 세 친구

| 성경 본문 | 다니엘 3:1~18

한때 하나님께 영광을 돌렸던 느부갓네살 왕은 교만해져서 자신을 위하여 금신상을 만들고 절하게 합니다. 그 와중에 다니엘의 세 친구가 모함을 받아 왕 신상에 절하라는 요구에 직면하게 됩니다. 그러나 그들은 하나님을 선택하는 믿음의 결단을 하게 됩니다. 영광스러운 왕궁의 형통함을 버리고 죽음과 같은 고난의 상황에 스스로 들어갑니다. 쉽지 않은 결정이지만 하나님을 향한 믿음이 그들을 사람보다는 하나님을 선택하게 합니다. 자기들의 의지로 행한 것이 아니라 그들 안에 있는 믿음이 이런 결정을 하게 한 것입니다.

| 바벨론의 8계급 |

1. 방백(왕의 대변인)
2. 수령(군사지도자)
3. 도백(행정관리)
4. 재판관(정복의 조정관)
5. 재무관(조정의 재정관리)
6. 모사(법을 운영함)
7. 법률사(판결을 내림)
8. 모든 관리(백성들의 관리)

말씀의 살핌

1. 느부갓네살 왕은 다니엘의 예언을 들었지만 깨닫지 못하고 무엇을 행했습니까?(1~6)

2. 모든 백성과 사람들은 왕의 말을 듣고 어떻게 했습니까?(7)

3. 평소에 다니엘을 시기하는 갈대아 사람들이 왕에게 무엇이라 고발했습니까?(8~12)

4. 느부갓네살 왕은 노하여 어떤 조치를 취했습니까?(13~14)

5. 느부갓네살 왕은 세 친구들에게 다시 한 번 기회를 주면서 타협안을 제시했는데, 어떤 내용인지 말해 보십시오.(15)

6. 다니엘의 세 친구가 왕에게 말한 결심은 무엇입니까?(16~18)

말씀의 깨달음

1. 다니엘에게서 놀라운 미래의 예언을 들었고 하나님을 찬양했으면서도 느부갓네살 왕은 금신상(높이 27미터, 넓이 3미터)을 세워 모든 백성에게 자기를 경배하도록 했습니다. 이렇게 한 인간의 사악함이 주는 교훈은 무엇입니까? 아울러 신앙 속에 나타날 수 있는 위험한 우상화의 요소들은 어떤 것들이 있는지 말해 보십시오.

Tip 하나님보다 인간을 높이는 행위는 하나님이 가장 싫어하는 죄이자 인류 최초의 죄악의 모습이기도 합니다. 하나님과 같아지려는 죄악은 이방나라에서 우상을 통하여 나타났습니다. 거대한 우상을 만들어 사람들을 지배하려는 악한 인간의 속성이 수천년 동안 자행되어 왔습니다. 오늘날에도 이와 비슷한 모습으로 인간을 우상화하고 신격화하는 일들이 동일하게 나타나고 있습니다. 높은 지위로 올라갈수록 더욱 이런 죄악을 조심해야 합니다.

2. 참된 신앙의 길에는 언제나 시기하는 무리가 있습니다. 이에 대해 필요한 자세는 무엇입니까?(참고, 롬 12:21)

Tip 진리의 길을 가는 것은 결코 쉬운 일이 아닙니다. 수많은 반대와 핍박이 존재하기 때문입니다. 선의 길에는 악이 늘 공존합니다. 그런 면에서 시기와 질투는 필연적 입니다. 이것을 알 때 복이 있습니다.

3. 모든 사람이 왕의 명령에 순종했지만 다니엘의 세 친구는 끝까지 자기의 신앙을 지켰습니다. 다음의 질문에 답해 보십시오.

1) 이들에게서 발견되는 신앙의 위대한 점은 무엇입니까?

2) 신앙과 핍박의 관계를 정리해 보십시오.(참고, 벧전 4:12; 빌 1:29)

3) 어떻게 해야 이런 신앙을 우리도 가질 수 있는지 말해 보십시오.

Tip "그리 아니하실지라도" 신앙은 진정한 신앙이 무엇인지를 보여줍니다. 우리의 믿음은 여기까지 나가야 합니다. 믿음은 무엇을 얻어내기 위한 것이 아닌 하나님을 바라는 것입니다. 비록 모든 것을 다 가져간다 해도 우리 안에 주님이 있으면 그것으로 만족해야 합니다. 우리 인생의 마지막엔 모든 것이 사라지고 주님만 남게 됩니다. 그것을 미리 훈련할 수 있다면 얼마나 좋을까요?

말씀의 실천

1. 오늘 깨달음과 도전을 주는 말씀은 무엇입니까?

2. 오늘 말씀을 통해 이번 주에 실천해야 할 사항은 무엇인지 삶의 적용을 위한 구체적인 실천계획과 함께 말해 보십시오.

3. 오늘 말씀을 통해 발견한 기도제목은 무엇입니까? 아울러 함께 기도의 시간을 가지십시오.

내가 깨달은 영적 교훈과 삶의 적용

SCENE 6

구원받는 세 친구

| 성경 본문 | 다니엘 3:19~4:3

신앙의 절개를 지키려다가 세 친구는 풀무불에 들어가 죽을 위기에 처하게 됩니다(로마 사람들은 범죄자를 십자가에 못 박아 죽이고, 유대인들은 돌에 쳐서 죽이고, 바벨론 사람들은 불에 던져 죽였음). 하나님을 위해 죽고자 하는 믿음의 사람들을 하나님은 방치하지 않고 직접 개입하셔서 그들을 친히 구원해 내십니다. 느부갓네살 왕은 놀라운 하나님의 구원을 보고 감동을 받아 하나님의 위대하심을 선포하고 대신 세 친구를 죽이려고 모함한 사람들을 죽입니다. 본문은 하나님을 믿고 나아가는 참 신앙의 위대성을 교훈하고 있습니다.

특히 이방 왕을 통하여 하나님의 영광이 선포되는 것을 보며 우리는 참된 왕은 하나님이심을 다시 한 번 확인할 수 있습니다.

말씀의 살핌

1. 느부갓네살 왕은 다니엘의 세 친구의 결연한 신앙고백을 듣고 어떻게 했습니까?(19~20)

2. 세 친구를 풀무불에 던질 때 벌어진 상황을 말해 보십시오.(21~23)

3. 풀무불에 던진 세 친구를 보면서 왕은 놀라서 어떤 말을 했습니까?(24~25)

4. 왕은 풀무불에 가까이 가서 어떤 말을 했으며, 어떤 결과를 보게 되었습니까?(26~27)

5. 기적 같은 일을 보고 느부갓네살 왕은 어떻게 하나님을 찬양했습니까?(28)

6. 왕은 다니엘의 세 친구에게 어떤 조치를 내렸습니까?(29~30)

7. 느부갓네살 왕은 자기가 경험한 하나님의 이적을 어떻게 나타냈습니까?(1~3)

말씀의 깨달음

1. 비진리를 이기는 길은 끝까지 진리의 길을 가는 것입니다. 신앙은 진리의 길이고 타협할 수 없는 절대적인 삶입니다. 왜 진리의 길에는 항상 불 속을 통과하는 고난이 뒤따르는지 그 안에 담긴 영적 의미를 말해 보십시오.(참고, 욥 23:10; 벧전 4:13~17; 요 15:18~20)

Tip 인간이 진리의 길을 가고 싶다고 해서 가는 것이 아닙니다. 인간 자체는 본래 죄인입니다. 진리의 길을 가고자 하면 먼저 인간이 가진 죄성을 없애야 합니다. 여기서 죄란 자신을 의지하는 것입니다. 고난은 인간의 죄를 제거하는 역할을 합니다. 고난은 자기를 포기하게 하고 하나님을 의지하게 하는 좋은 도구입니다.

2. 하나님은 용광로와 같은 불시험을 피하게 하실 수도 있지만 용광로 속에서 안전하게 보호하실 수도 있습니다. 불 속에서 세 친구와 함께한 신의 아들 모양을 한 넷째 사람은 누구를 의미합니까?(참고, 마 1:23) 아울러 이것이 우리에게 주는 교훈은 무엇입니까?(참고, 사 43:1~2, 11~13; 히 11:33~34)

Tip 우리가 고난을 당할 때 주님은 함께합니다. 주를 위한 고난은 혼자 당하는 것이 아닌 주님과 같이 당하는 것입니다. 이 사실이 우리에게 큰 위로가 됩니다. 주님이 실패하지 않는 한 나도 결코 실패하지 않습니다.

말씀의 실천

1. 오늘 깨달음과 도전을 주는 말씀은 무엇입니까?

2. 오늘 말씀을 통해 이번 주에 실천해야 할 사항은 무엇인지 삶의 적용을 위한 구체적인 실천계획과 함께 말해 보십시오.

3. 오늘 말씀을 통해 발견한 기도제목은 무엇입니까? 아울러 함께 기도의 시간을 가지십시오.

내가 깨달은 영적 교훈과 삶의 적용

SCENE 7

느부갓네살 왕의 두 번째 꿈

| 성경 본문 | 다니엘 4:4~18

느부갓네살 왕은 두 번째로 괴이한 꿈을 꿉니다. 그 때문에 그는 번민하고 두려워합니다. 그러나 이 꿈 역시 하나님의 비밀이었기에 아무도 해석할 수 없고 다니엘만 이 꿈을 해석하게 됩니다. 하나님이 하시는 일 앞에서 인간은 유한한 존재에 불과하며 아무리 인간의 권력이 대단해도 자기 안에 있는 문제를 해결하지 못한다는 것을 본문은 말하고 있습니다. 하나님의 비밀은 아무에게나 알려지지 않고 하나님께서 선택한 사람을 통해서만 알려집니다. 그리스도인을 하나님의 계시를 전하는 자로 세웠다는 것은 참으로 놀라운 일이 아닐 수 없습니다.

말씀의 살핌

1. 왕은 이전에 꿈을 꿀 때와 같은 처지에서 다시 꿈을 꾸었는데, 어떤 모습인지 말해 보고 처음에 꿈을 꿀 때와 다른 점을 찾아보십시오.(4~7. 비교, 단 2:1~6)

2. 왕은 특별히 다니엘을 불러서 어떤 말을 했습니까? 이 사실에서 발견할 수 있는 중요한 특징을 말해 보십시오.(8~9)

3. 왕이 어떤 꿈을 꾸었는지 그 내용을 정리해 보십시오.(10~17)

1) 아름다운 나무(10~12)

2) 순찰자(거룩한 자)가 나타남(13~14)

3) 그루터기를 남기고, 철과 놋줄로 동임(15)

4) 마음이 짐승의 마음으로 변함(16)

5) 다음 세대에 대한 예언(17)

4. 왕은 다니엘에게 꿈을 해몽하라고 명령하면서 그 이유에 대해 어떻게 말하고 있습니까?(18)

말씀의 깨달음

1. 왕의 꿈은 왕의 의지로 꾸는 것이 아니라 전적으로 하나님의 주도에 의해 이루어짐을 알 수 있습니다. 이것을 통해 발견되는 꿈을 통한 하나님의 섭리를 말해 보십시오.

Tip 인간이 무엇을 하는 것 같아도 결국은 하나님이 주도하시는 것입니다. 하나님 없이 행해지는 것은 하나도 없습니다.

2. 다니엘에 대해서 왕은 거룩한 영이 그 안에 있다고 말하기도 하고 또 박수장이라는 표현을 쓰기도 합니다. 하나님을 찬양하면서 또 자기의 의를 드러내기도 하는 이중성을 보이는데 왜 그렇다고 봅니까? 이것은 오늘날 누구와 같은 모습인지 말해 보십시오.

Tip 왕은 다니엘의 하나님을 제대로 이해하지 못하고 자기 식으로 이해했습니다. 인격적인 만남을 통한 믿음이 아닌 기적을 보고서 믿는 믿음은 진정한 믿음이 아닙니다.

3. 왕이 자기의 꿈을 해석하기 위해 오직 다니엘에게만 관심을 갖고 매달리는 것은 오늘 그리스도인의 모습을 상징하고 있습니다. 하나님만 신뢰하는 절대적인 신앙을 가진 사람이 세상의 주도권을 가지고 움직입니다. 다니엘이 왕을 지배하는 것은 하나님의 은혜입니다. 다니엘처럼 오늘 그리스도인이 세상을 주도적으로 지배하기 위해서 가져야 할 마음 자세와 비전을 말해 보십시오.

Tip 꿈을 해석하면서 다니엘이 왕보다 더 큰 영향력을 발휘합니다. 신하의 신분이지만 실제적으로는 왕을 주도하고 있습니다. 하나님의 지혜를 가진 사람에게 주어지는 특권입니다.

말씀의 실천

1. 오늘 깨달음과 도전을 주는 말씀은 무엇입니까?

2. 오늘 말씀을 통해 이번 주에 실천해야 할 사항은 무엇인지 삶의 적용을 위한 구체적인 실천계획과 함께 말해 보십시오.

3. 오늘 말씀을 통해 발견한 기도제목은 무엇입니까? 아울러 함께 기도의 시간을 가지십시오.

내가 깨달은 영적 교훈과 삶의 적용

SCENE 8

다니엘의 꿈 해석과 성취

| 성경 본문 | 다니엘 4:19~37

다니엘이 느부갓네살 왕의 두 번째 꿈을 풀이하는 것은 쉬운 일이 아니었습니다. 왜냐하면 왕에게 내릴 저주를 온전히 선포해야 했기 때문입니다. 사실대로 선포했을 경우에 자신에게 닥칠 왕의 분노를 감당하는 것은 쉽지 않았습니다. 큰 업적을 이룬 느부갓네살 왕은 교만해졌고 결국 하나님의 진노가 그에게 임했습니다. 하나님의 신실하심을 그대로 대변하는 다니엘과 하나님을 경외하지 않는 교만한 느부갓네살 왕을 향한 징계는 본문이 우리에게 주고자 하는 교훈입니다.

말씀의 살핌

1. 다니엘이 왕의 꿈을 해석한 내용을 정리해 보십시오.(19~26)

1) 나무(20)

2) 아름다운 입사귀와 많은 열매(21~22)

3) 한 순찰자, 한 거룩한 자(23)

4) 이슬에 젖고 들짐승과 함께하는 것(25)

5) 일곱 때(23)

6) 그 나무의 그루터기(26)

2. 다니엘은 왕에게 해결책을 제시하면서 마지막으로 어떤 부탁을 합니까?(27)

3. 꿈을 통하여 하나님의 무서운 경고를 들은 왕의 1년 후 모습을 말해 보십시오.(28~30)

4. 왕이 교만한 말을 할 때 하늘에서 어떤 메시지가 들렸습니까? (31~32)

5. 말과 동시에 왕에게 어떤 일이 임했습니까?(33)

6. 하나님이 내리신 7년 심판의 기간이 찬 후에 왕이 어떻게 달라졌으며 그가 무엇이라 하나님을 찬양했는지 말해 보십시오.(34~37)

말씀의 깨달음

1. 느부갓네살 왕은 다니엘을 통한 하나님의 무서운 경고와 다니엘의 회개의 촉구에도 불구하고 왜 1년 동안이나 회개하지 않고 계속 자만했습니까? 이것과 관련하여 오늘날 우리에게 주는 교훈은 무엇입니까?

Tip 아무리 바른 말을 해주어도 악한 사람은 믿지 않습니다. 하나님이 마음을 열어 주어야 믿을 수 있습니다. 인간의 죄와 죄의 값은 심판이라고 말해도 세상 사람들이 좀처럼 믿으려고 하지 않는 것과 같습니다.

2. 비참한 짐승의 상태까지 내려간 이후에 달라진 왕의 모습과 하나님을 찬양한 내용을 통하여 우리는 어떤 교훈을 얻으며 무엇을 새롭게 깨닫게 됩니까?

Tip 극심한 고난을 당하고 스스로 낮아지는 경험을 하지 않고는 좀처럼 회개하지 않는 것이 인간의 보편적인 특징입니다. 짐승처럼 낮아지는 경험을 했을 때 드디어 자기가 아무것도 아니라고 고백을 하고 하나님을 의지하게 됩니다. 하나님을 찬양하는 것은 겸손한 자만이 할 수 있는 특권입니다. 교만한 자는 하나님을 찬양할 수 없습니다.

말씀의 실천

1. 오늘 깨달음과 도전을 주는 말씀은 무엇입니까?

2. 오늘 말씀을 통해 이번 주에 실천해야 할 사항은 무엇인지 삶의 적용을 위한 구체적인 실천계획과 함께 말해 보십시오.

3. 오늘 말씀을 통해 발견한 기도제목은 무엇입니까? 아울러 함께 기도의 시간을 가지십시오.

내가 깨달은 영적 교훈과 삶의 적용

SCENE 9

벨사살의 잔치에서 일어난 일

| 성경 본문 | 다니엘 5:1~16

느부갓네살 왕은 43년 동안 통치하고 죽었습니다. 그후 느부갓네살 왕의 아들인 에빌므로닥이 뒤를 이었으나 2년간 통치하다가 그의 매형 네리글리살에게 살해됩니다. 그러나 네리글리살은 4년 통치하고 그의 아들 라바시 마르둑이 왕위에 올랐는데 그는 9개월 후에 친구 나보니두스에게 암살되었습니다. 바벨론의 마지막 왕인 나보니두스는 17년간 통치하다가 바사의 고레스에게 멸망당했습니다. 나보니두스의 어머니는 하란의 달의 여신 사제였습니다. 왕도 자연스럽게 그 신을 섬겨 하란의 달의 신전을 보수하는 일을 했습니다. 나보니두스 왕은 아라비아에 별궁을 짓고 살았고, 벨사살은 나보니두스의 장자로서, 나보니두스 왕은 베사살의 뒤에서 바벨론을 섭정했습니다. 마르둑 제사장들은 다른 신을 섬기는 벨사살 왕을 싫어했고 결국에는 반기를 들어서 바사 왕과 동조하여 바벨론을 멸망시켰습니다.

말씀의 살핌

1. 바벨론이 바사 군대에게 포위당하고 있는 상황에 벨사살 왕은 무엇을 하고 있었습니까?(1~4)

2. 왕궁 촛대 맞은편 벽에 어떤 모습이 나타났습니까?(5)

3. 이것을 본 왕은 어떤 조치를 했습니까?(6~7)

4. 갈대아 박사들이 와서 글자를 해석하지 못하자 왕은 어떻게 했습니까?(8~9)

5. 마침 느부갓네살 왕의 딸인 태후가 들어와서 이 문제에 대해 어떤 해결책을 제시했습니까?(10~12)

6. 갑자기 왕의 부름을 받고 온 노인 다니엘에게 왕은 어떤 말을 합니까?(13~16)

말씀의 깨달음

1. 위기 속에서도 벨사살 왕은 성대하게 잔치를 베풀고 우상을 찬양했습니다. 특히 예루살렘의 성전에 있는 금기구들로 술을 마셨다는 것은 매우 악한 일이었습니다. 이렇게 벨사살이 주홍에 빠진 이유는 무엇이며, 이것이 오늘날 우리에게 주는 영적 교훈은 무엇입니까?

Tip 바벨론 성은 오랜 싸움에 대비하여 20년간 물자를 준비하고 있었으며, 유브라데 강은 성의 북쪽에서 남쪽으로 흘러들어왔기에 식수도 충분했습니다. 바벨론 성 역시 견고하여서 10미터 높이와 26미터 넓이의 견고한 요새였습니다. 문은 놋으로 크게 만들어 부수기도 힘들었습니다. 이런 안전한 모습에 벨사살 왕은 자만심을 가졌고 도를 넘는(성전의 기구로 술을 마심) 일을 했습니다. 하나님보다 인간과 자기를 의지하는 것이 가장 큰 죄악입니다.

2. 벨사살 왕은 다니엘을 잘 모르고 있었으며 주홍에 빠졌고 아버지에게 섭정을 받는 상황이었습니다. 특히 노인이 되어 은퇴한 다니엘을 불러 선물로 마음을 잡으려는 선심공세를 펴는 등 연약한 모습을 보입니다. 평상시 벨사살 왕의 성품과 인격에 대해 말해 보십시오.

Tip 마지막 경고를 받고서도 돈으로 다니엘의 마음을 사려는 벨사살 왕을 보면 그가 얼마나 악한 왕이었는지 알 수 있습니다. 물질적이고 감각적인 그리고 자기 교만에 가득찬 왕의 마지막은 비참했습니다. 어리석은 사람은 말씀을 듣고서도 바로 닥칠 죽음을 깨닫지 못합니다.

말씀의 실천

1. 오늘 깨달음과 도전을 주는 말씀은 무엇입니까?

2. 오늘 말씀을 통해 이번 주에 실천해야 할 사항은 무엇인지 삶의 적용을 위한 구체적인 실천계획과 함께 말해 보십시오.

3. 오늘 말씀을 통해 발견한 기도제목은 무엇입니까? 아울러 함께 기도의 시간을 가지십시오.

내가 깨달은 영적 교훈과 삶의 적용

SCENE 10

벨사살(바벨론)의 멸망

| 성경 본문 | 다니엘 5:17~31

4장과 5장의 시간 간격을 약 25년이라고 했을 때 다니엘의 지금 나이는 인생의 노년기에 접어든 약 80세라고 말할 수 있습니다. 다니엘은 벨사살 왕을 향해 느부갓네살 왕의 예를 들어 역사를 지배하는 하나님을 전하면서 하나님 앞에서 교만했을 때 하나님은 진노를 내리셨음을 상기시킵니다. 그러면서 벨사살 왕의 교만한 모습이 하나님의 진노를 앞당기는 결과를 가져왔음을 말하고 있습니다. 다니엘이 해석한 글씨의 내용은 하룻밤도 안 되어 성취되었고, 바벨론은 메대 바사에 의해 멸망당했습니다(BC. 539). 하나님의 역사는 한치의 오차도 없이 하나님의 계획대로 이루어짐을 알 수 있습니다. 이것은 이사야가 이미 말한 바벨론 멸망에 대한 예언의 성취였습니다(사 47:1~5).

말씀의 살핌

1. 왕의 조건에 대해서 다니엘은 어떻게 반응하고 있습니까?(17)

2. 다니엘은 글을 해석하기 전에 느부갓네살 왕의 교훈에 대해서 서론적인 이야기를 하는데, 그 내용은 무엇입니까?(18~21)

3. 벨사살 왕은 선왕들의 일을 알고도 어떻게 했다고 기록하고 있습니까?(22~23)

4. 여기에 손가락 글씨는 왜 나타났습니까?(24)

5. 기록된 글자는 무엇이며 어떤 의미인지 그 해석을 말해 보십시오.(25~28)

6. 이런 위기의 선포를 직접 보았지만 벨사살 왕은 어떻게 했습니까?(29)

7. 그날 밤에 벨사살 왕은 어떻게 되었습니까?(30~31)

말씀의 깨달음

1. 다니엘의 역사적인 분석을 근거로 벨사살과 함께 바벨론 제국이 멸망하게 된 가장 큰 원인을 정리해 보십시오.

Tip 벨사살은 하나님을 거역하며 자기 교만에 가득찼습니다. 교만은 패망의 선봉입니다. 모든 제국의 지도자들은 교만으로 망했습니다. 큰 지위를 가지게 되면 자기가 모두 할 수 있는 것처럼 착각하고 자기를 의지하는 경우가 많습니다.

2. 다니엘이 이방에서도 인정을 받아 노년에도 왕에게 부름을 받은 것과 끝까지 자기의 자리를 지키면서 하나님의 말씀을 담대하게 전한 모습을 보면서 특별히 느끼는 영적 교훈을 말해 보십시오.

Tip 다니엘은 바벨론에 포로로 잡혀 왔을 때부터 하나님 앞에 뜻을 정하며 경건하게 살았습니다. 그는 평생 일관되게 이것을 지켰습니다. 그런 사람에게 하나님은 지혜와 능력을 주십니다. 신실하게 마지막까지 믿음의 신실성을 초지일관 지키는 다니엘의 믿음은 대단합니다. 좋은 신앙은 끝까지 길게 보아야 알 수 있습니다.

3. 도저히 멸망할 것 같지 않은 거대한 바벨론 제국이 자기 교만에 빠져 한순간에 무너지는 역사적인 사건을 보면서 다니엘의 예언과 관련하여 역사를 향한 하나님의 섭리를 말해 보십시오.

Tip 거대한 바벨론 제국은 천년만년 지속될 것 같았습니다. 그러나 무너질 때는 아주 허무하게 하룻밤에 멸망했습니다. 마르둑 제사장들은 배반하여 수로를 열어 주었고, 바사의 군대가 바벨론에 들어와 순식간에 멸망했습니다. 하나님을 떠난 나라의 모습은 모두 이와 같습니다. 그것은 다니엘의 예언대로 이루어진 것입니다. 언뜻 보면 인간이 배신을 하는 것 같지만 모든 것은 하나님의 말씀을 이루기 위해서 일어납니다.

말씀의 실천

1. 오늘 깨달음과 도전을 주는 말씀은 무엇입니까?

2. 오늘 말씀을 통해 이번 주에 실천해야 할 사항은 무엇인지 삶의 적용을 위한 구체적인 실천계획과 함께 말해 보십시오.

3. 오늘 말씀을 통해 발견한 기도제목은 무엇입니까? 아울러 함께 기도의 시간을 가지십시오.

내가 깨달은 영적 교훈과 삶의 적용

SCENE 11

사자굴에 던져지는 다니엘

| 성경 본문 | 다니엘 6:1~18

바사의 고레스 왕은 전투도 하지 않고 타락한 바벨론을 정복했습니다. 특히 바벨론의 마르둑 제사장들의 도움으로 바벨론을 쉽게 얻었으며, 고레스는 해방자로 백성의 환영을 받았습니다. 고레스는 바벨론 도시를 약탈하지 않고 반란과 소동을 최소화하면서 백성의 마음을 돌이키는 데 성공했습니다. 종교제도나 민간에 내려오는 제도 또한 크게 변화시키지 않고 거의 그대로 이어가게 함으로써 자연스럽게 바사의 통치 속에 들어가게 했습니다. 이때 페르시아의 통치자 중에 하나인 다리오가 고레스 왕의 명에 의하여 바벨론을 통치하게 되었습니다.

말씀의 살핌

1. 다리오는 바벨론 전국을 행정적으로 어떻게 나누어 통치했습니까?(1~2)

2. 80세가 다 된 다니엘은 말년에 어떤 지위를 다시 얻게 되었습니까?(3)

3. 다니엘을 시기하는 총리들과 방백들은 어떻게 했습니까?(4)

4. 결국 이들은 어떻게 다니엘을 음해하기로 했는지 그 음모 계획을 말해 보십시오.(5~8)

5. 결국 음모를 모른 채 왕은 그들의 요구대로 번복할 수 없는 어인을 찍어 금령을 내었습니다. 다니엘은 이것을 알고도 어떻게 했습니까?(9~10)

6. 다니엘의 흠을 발견한 무리는 왕에게 무엇을 요구했습니까?(11~12)

7. 다니엘에 대한 왕과 무리의 생각은 서로 어떻게 달랐는지 그들이 각각 취한 행동과 결과를 말해 보십시오.(14~18)

말씀의 깨달음

1. 하나님께서 높인 자리는 세상에서 시기를 받는 위험한 곳입니다. 하나님께서 주신 은혜를 끝까지 잘 지키기 위해서 우리는 어떤 신앙을 가져야 합니까?

Tip 다니엘은 바사의 시대에도 왕에게 인정을 받아 높은 지위를 유지했습니다. 그러다 보니 많은 주변 사람들이 그를 시기했고 그것이 다니엘을 위험하게 만들었습니다. 높은 자리는 보기에는 좋지만 위험한 자리요 암살과 모함이 많은 곳입니다. 하나님이 지켜주지 않으면 유지하기 어려운 자리입니다.

2. 다니엘은 생명에 위험이 닥친 줄 알고서도 평상시와 같이 하루에 세 번씩 예루살렘(이때 예루살렘에는 성전이 훼파되어 없었음)을 향해 창을 열고 기도했습니다. 오늘 우리가 다니엘에게서 본받아야 할 점은 무엇입니까?

Tip 다니엘은 오직 하나님만 바라보았습니다. 하루에 세 번씩 늘 기도하던 습관은 변하지 않았습니다. 특별한 시간에만 기도하는 것이 아닌 일상생활에서 기도에 성공한 사람이 다니엘입니다. 어려움이 닥쳤음에도 평정을 잃지 않고 한결같이 기도하는 사람이 되어야 합니다.

3. 다리오 왕은 어리석어 자기가 인정한 법에 자기가 걸려들었습니다. 왜 그랬는지 말해 보고 그것을 통해서 발견되는 영적 은혜에 대해서도 말해 보십시오.

Tip 다리오 왕은 간신들의 모함에 빠져 결국 원하지 않았음에도 다니엘을 죽이게 되었습니다. 우리 주위에는 늘 이런 간신들과 같은 사단의 계략이 도사리고 있습니다. 언제나 긴장을 늦추지 말고 근신하여 깨어 하나님의 뜻을 분별해야 합니다. 긴장을 풀고 한가하게 지붕 위를 거닐다가 유혹에 빠진 다윗이 되면 안 됩니다.

말씀의 실천

1. 오늘 깨달음과 도전을 주는 말씀은 무엇입니까?

2. 오늘 말씀을 통해 이번 주에 실천해야 할 사항은 무엇인지 삶의 적용을 위한 구체적인 실천계획과 함께 말해 보십시오.

3. 오늘 말씀을 통해 발견한 기도제목은 무엇입니까? 아울러 함께 기도의 시간을 가지십시오.

내가 깨달은 영적 교훈과 삶의 적용

SCENE 12

사자굴에서 건짐을 받은 다니엘

| 성경 본문 | 다니엘 6:19~28

본문은 사자굴에서 살아난 다니엘에 대해서 말하고 있습니다. 자기 힘으로 구원을 받은 것이 아니라 전적으로 하나님의 도우심 때문에 살아나게 됩니다. 다니엘의 구원 사건은 온 땅에 하나님을 알리는 계기가 되었으며 대적자들에게는 심판의 순간이 되었습니다. 아무리 인간이 하나님의 일을 거스리려고 해도 하나님은 궁극적으로 승리하게 하시며 악인을 심판하시고 성도를 구원하십니다. 그리고 그 구원을 통하여 하나님의 이름을 선포하시는 것을 볼 수 있습니다. 다니엘의 믿음을 통하여 하나님의 영광이 온 천하에 선포되는 아름다운 장면을 대하게 됩니다.

말씀의 살핌

1. 이튿날 왕이 다니엘에게 달려간 모습에서 어떤 사실을 알 수 있습니까? 왕은 사자굴에 갇힌 다니엘에게 어떤 말을 했습니까?(20)

2. 사자굴에서 다니엘이 왕에게 대답한 내용을 말해 보십시오.(21~22)

3. 왕이 너무 기뻐하며 다니엘을 굴에서 올렸는데 다니엘은 어떤 모습이었습니까?(23)

4. 왕은 다니엘을 시기하던 무리들을 어떻게 했습니까?(24)

5. 다리오 왕은 온 나라와 백성에게 다니엘의 구원을 인하여 새로운 조서를 내렸는데, 조서의 내용에 대해 한번 정리해 보십시오.(25~27)

6. 다니엘이 있던 다리오와 고레스 시대는 어떠했습니까?(28)

말씀의 깨달음

1. 굶주린 사자에게 던져진 다니엘이 사자굴 속에서 어떻게 행동했을지 말해 보십시오. 아울러 오늘날 사망의 음침한 골짜기를 지나는 고난과 위험 속에서 그리스도인은 어떻게 해야 한다고 생각합니까?(참고, 시 23편)

Tip 다니엘은 자기 인생을 하나님에게 맡겼습니다. 평생동안 하나님을 섬겼던 다니엘이 이런 어려움에 무너질 리 없습니다. 하나님의 도우심에 대한 체험이 그가 더욱 큰 믿음을 갖게 만들었습니다. 우리가 믿는 하나님은 불가능을 가능하게 하는 능력의 하나님이십니다. 이런 믿음을 가진다면 얼마나 좋을까요?

2. 하나님에 대한 절대적인 믿음이 다니엘을 구했습니다. 다니엘이 이런 믿음을 갖게 된 비결을 말해 보십시오. 하나님은 사자 입을 막고 사자굴에 갇힌 다니엘을 구원해 주셨습니다. 이 사건을 통해 우리가 가져야 할 신앙에 대해 말해 보십시오.(참고, 히 11:33; 벧전 4:12~13, 5:7~10; 시 18:1~3, 37:30~31, 34)

Tip 언제 어디서나 하나님이 나와 동행해 주시고 인도해 주심을 믿는다면 우리는 어떤 상황에서도 불안해하지 않을 수 있습니다. 사방으로 우겨쌈을 당해도 하나님이 우리를 사랑하시는 믿음만 있으면 이겨나갈 수 있습니다. 우리가 이 세상에 태어난 것이나 죽는 것도 내 마음대로 되는 것이 아닙니다. 어려울수록 하나님께 온전히 맡기고 진리를 향해 끝까지 나가는 자세가 아름답습니다.

3. 다리오 왕이 다니엘의 원수들을 대신하여 멸하고 온 땅과 백성에게 하나님을 찬송하는 조서를 내린 모습을 통해 깨닫는 영적 교훈과 의미를 말해 보십시오.(참고, 롬 12:19~21; 시 37:1~10, 23~24)

Tip 하나님의 일은 마지막까지 가 보아야 압니다. 지금 당장의 일로 하나님의 일을 평가해서는 안됩니다. 마지막의 승리가 진정한 승리입니다. 일곱 번 넘어져도 다시 일어나는 자세로 주님을 의지하면 언젠가는 좋은 일이 생길 것입니다. 모든 영광을 하나님께 올리는 마음만 있다면 설사 그렇게 죽는다 해도 아름다운 일이겠지요.

말씀의 실천

1. 오늘 깨달음과 도전을 주는 말씀은 무엇입니까?

2. 오늘 말씀을 통해 이번 주에 실천해야 할 사항은 무엇인지 삶의 적용을 위한 구체적인 실천계획과 함께 말해 보십시오.

3. 오늘 말씀을 통해 발견한 기도제목은 무엇입니까? 아울러 함께 기도의 시간을 가지십시오.

내가 깨달은 영적 교훈과 삶의 적용

SCENE 13

이상을 본 다니엘

| 성경 본문 | 다니엘 7:1~14

다니엘 1~6장까지의 전반부는 다니엘의 개인적인 역사에 대한 내용이지만, 7~12장까지의 후반부는 다니엘이 받은 계시편으로 구분할 수 있습니다. 7장에는 네 짐승 예언, 8장에는 숫양과 숫염소와 작은 뿔, 9장에는 70이레의 예언, 10~12장은 마지막 예언이 기록되어 있습니다. 계시편에는 일일이 연대가 기록되어 있으며, 허황된 꿈과 달리 역사적인 계시를 나타내 줍니다(벨사살 원년 7~9장). 벨사살 3년(8장), 다리오 원년(9장), 고레스 3년(10장), 다리오 원년(11~12장), 특히 7~8장의 계시는 다리오 왕 이전의 왕이었던 벨사살 왕 때 받은 계시로 역사적인 순서와는 구별됩니다. 사자굴의 체험보다 약 14년 전의 일로 추측됩니다(52년 전 포로로 잡혀왔으므로 다니엘은 68세로 추정).

말씀의 살핌

1. 7장의 계시 내용은 다니엘이 언제 받은 것입니까?(1)

2. 다니엘이 밤에 이상을 받은 내용을 정리해 보십시오.(2)

1) 첫 번째 본 이상의 내용(2)

2) 두 번째 본 이상의 내용(3)

① 사자 같은 짐승에 대해서(4)

② 곰 같은 짐승에 대해서(5)

· 세 갈빗대—바사가 정복한 세 나라(바벨론, 애굽, 리디아)

③ 표범 같은 짐승에 대해서(6)

· 네 머리—알렉산더 이후에 네 나라로 나뉨(프톨레미—애굽, 셀류커스—수리아, 카산더—마게도냐와 헬라, 리시마커스—트라야와 비두니야)

④ 뿔 가진 짐승에 대해서(7~8)

· 열 뿔 달린 짐승

· 작은 뿔을 가진 짐승의 모습

3) 세 번째 본 이상의 내용(9~12)

4) 네 번째 본 이상의 내용(13~14)

말씀의 깨달음

1. 다니엘이 받은 환상은 이방 나라들의 역사가 앞으로 어떻게 전개될 것인지를 미리 알려주는 하나님의 놀라운 계시입니다. 왜 이런 악한 세상과 통치자들과 적그리스도가 나타나서 믿는 자들을 핍박하며 어렵게 하는지 이유를 말해 보십시오.(참고, 마 24:6~16, 21~22, 29~31)

Tip 마지막이 올수록 사단은 우는 사자처럼 우리를 삼키려고 애를 씁니다. 그런 이유로 마지막 시대에는 핍박과 어려움이 심합니다. 심하게 핍박한 사람일수록 무너질 때는 한순간에 사라졌습니다. 악을 하나님의 믿음의 시험이라고 생각하면서 이겨나간다면 고난이 그렇게 힘들거나 길다고 느껴지지 않을 것입니다.

2. 역사적으로 악한 세상의 왕들은 서로 적자생존의 정복을 통하여 계속 강한 자가 되려고 합니다(바벨론-바사-헬라-로마-적그리스도). 이런 세상의 싸움에 대해 성도들은 어떤 자세를 가져야 하며 그리스도인은 정복을 위한 세상의 전쟁에 대해서 어떤 시각으로 바라보아야 합니까?

Tip 세상의 악한 정부들과 독재자들 역시 모두 하나님의 도구였습니다. 잠시 사용하는 매와 같은 것입니다. 역사를 살펴 보면, 그렇게 대단했던 왕들과 나라들도 무너질 때는 어이없이 멸망했습니다.
악은 승리하지 못합니다. 얼마 동안에 사용되는 하나님의 도구라 믿고 그것을 잘 이겨나가는 것이 중요합니다.

말씀의 실천

1. 오늘 깨달음과 도전을 주는 말씀은 무엇입니까?

2. 오늘 말씀을 통해 이번 주에 실천해야 할 사항은 무엇인지 삶의 적용을 위한 구체적인 실천계획과 함께 말해 보십시오.

3. 오늘 말씀을 통해 발견한 기도제목은 무엇입니까? 아울러 함께 기도의 시간을 가지십시오.

내가 깨달은 영적 교훈과 삶의 적용

SCENE 14

네 짐승에 대한 천사의 해석

| 성경 본문 | 다니엘 7:15~28

본문은 다니엘이 본 네 짐승과 하늘나라 환상에 대한 천사의 해석을 그 내용으로 하고 있습니다. 하나님은 환상뿐 아니라 해석까지도 알려주십니다. 계시의 근원과 해석과 계시를 성취하시는 분은 하나님이십니다. 이것은 세상의 모든 것이 하나님의 손에서 움직이고 있음을 알려주는 것이라 할 수 있습니다. 단순히 일어나는 꿈 하나도 하나님의 운행하심 속에 들어 있습니다. 결코 우연이 아니라 하나님의 목적이 있는 사건 속에서 일어나는 일입니다. 하나님을 믿으면 자연히 세계관이 넓어지고 하나님의 세계관을 배우는 유익이 있습니다. 눈앞의 일에 매달리는 것이 아니라 넓은 시대를 초월한 하나님의 역사를 바라보면서 살아가게 됩니다.

말씀의 살핌

1. 다니엘이 이상을 보고 해석하는 문제에 대해서 어떤 반응을 보였습니까?(15)

2. 전에는 해석이 가능했으나 지금의 환상은 해석할 수 없어서 어떻게 했습니까?(16)

3. 다니엘은 넷째 짐승에 대해서 어려움을 느낀 것 같습니다. 네 짐승에 대한 해석을 말해 보십시오.

1) 큰 짐승은 무엇을 상징하고 있습니까?(17)

2) 누가 영원한 나라를 누리게 됩니까?(18)

3) 열 뿔 사이에 나온 작은 뿔은 어떤 모습입니까?(19~20)

4) 작은 뿔들은 성도들과 싸워 어떻게 되었습니까?(21)

5) 나중에 성도들은 어떻게 됩니까?(22)

4. 천사가 해석한 열 뿔과 작은 뿔에 대해서 말해 보십시오.

1) 열 뿔은 무엇입니까?(23~24)

2) 작은 뿔은 누구를 복종시키게 됩니까? 작은 뿔은 나중에 누구를 대적하며 성도를 얼마나 괴롭힙니까?(25)

5. 나중에 시작되는 심판에 대해 말해 보십시오.(26~27)

6. 천사의 해석을 들은 다니엘은 어떻게 했습니까?(28)

말씀의 깨달음

1. 다니엘은 자기가 받은 이상에 대해서 억지로 해석하려고 하지 않고 어려운 점을 그대로 인정하고 하나님께 나아가 해석을 부탁하는 겸손한 모습을 보였습니다. 이를 통해 발견되는 영적 지도자의 자세에 대해 말해 보십시오.

Tip 그리스도인은 하나님에 의해 계시를 받고 해석합니다. 하나님이 허락하지 않는 일은 즉시 그만두고 하나님의 뜻을 순종하는 자세가 필요합니다. 은사자들이 더 유혹에 빠지기 쉬운데, 이는 하나님의 일 속에 자기 욕심을 넣기 때문입니다. 있는 그대로를 인정하는 그런 진솔한 자세를 가져야 합니다.

2. 악한 통치자들이 나타나서 성도들을 핍박하지만 그것은 일시적인(3년 반의 환란) 핍박이며 결국 악인은 하나님의 심판을 받게 됩니다. 이것을 통해서 환란과 고난에 대한 우리의 자세를 말해 보십시오. 이것을 이기기 위해서 어떤 준비를 해야 합니까?

Tip 믿음 때문에 당하는 핍박은 의미가 있습니다. 고통에는 뜻이 있습니다. 고통 중에서 하나님의 뜻을 발견하려고 노력하는 자세가 중요합니다. 하나님의 뜻을 바라보며 인내하면 보이는 것은 얻지 못해도 보이지 않는 믿음은 장성해집니다. 지금은 모르나 나중에는 해석이 됩니다. 어려움을 당할 때는 불평하지 말고 감사와 기쁨과 기도로 이겨 나가게 해 달라고 기도하는 것이 좋은 자세입니다.

3. 우리의 영원한 통치자(인자)는 예수 그리스도입니다. 마지막에 구름타고 오실 그리스도를 바라볼 때 우리는 어떤 희망을 갖고 살아야 합니까?

Tip 그리스도인은 실패자가 없습니다. 모두가 승리자입니다. 전체를 보고 성공 실패를 말해야지 부분만 보고 하면 안됩니다. 마귀는 우리를 실패자처럼 생각하게 만듭니다. 그러나 우리는 이미 십자가에서 승리했습니다. 마지막에 그리스도가 오시면 우리를 괴롭히던 사단은 멸망합니다. 마라나타(주 예수여 어서 오시옵소서) 신앙을 가져야 합니다.

말씀의 실천

1. 오늘 깨달음과 도전을 주는 말씀은 무엇입니까?

2. 오늘 말씀을 통해 이번 주에 실천해야 할 사항은 무엇인지 삶의 적용을 위한 구체적인 실천계획과 함께 말해 보십시오.

3. 오늘 말씀을 통해 발견한 기도제목은 무엇입니까? 아울러 함께 기도의 시간을 가지십시오.

내가 깨달은 영적 교훈과 삶의 적용

SCENE 15

숫양과 숫염소의 환상

| 성경 본문 | 다니엘 8:1~27

8장은 7장의 내용을 더 확장시켜 반복한 내용입니다. 7장까지는 갈대아어로 기록되었는데 8장부터는 히브리어로 기록되었습니다. 본문은 숫양과 숫염소의 환상을 말하고 있습니다. 7장의 환상은 네 짐승 환상이 있은 후 2년이 지난 BC. 548년에 있었던 일로 메대 바사가 그리스 제국의 알렉산더에 의하여 멸망될 것을 예언한 네 짐승 환상 중의 세 번째 짐승인 표범을 확장하여 해석한 것입니다. 나중에 작은 뿔에 대한 환상이 나타나고 마지막으로 그 환상에 대한 가브리엘의 해석이 나옵니다. 천사 가브리엘은 종말에 하나님의 백성들이 당하는 핍박과 그리스도의 재림으로 핍박자들이 모두 멸망당하는 것에 대해서 말하고 있습니다.

말씀의 살핌

1. 다니엘은 벨사살 왕 3년에 다시 이상을 보았는데, 그때 그의 몸은 어디에 있었습니까?(1~2)

2. 다니엘이 본 첫 번째 이상을 말해 보십시오.(3~4)

3. 두 번째 이상은 어떤 모습이었습니까?(5~7)

4. 사방에서 네 뿔이 나왔는데, 그 한 뿔 중에서 작은 뿔 하나가 나와서 어떻게 되었습니까?(8~12)

5. 거룩한 자 둘이 어떤 대화를 나누었습니까?(13~14)

6. 다니엘이 받은 이상을 깨닫는 과정을 말해 보십시오.(15~18)

7. 하나님이 다니엘에게 보여준 이상은 무엇을 알기 위한 것입니까?(19)

8. 다니엘이 본 환상에 대해 해석해 보십시오.(20~25)

1) 두 뿔의 숫양

2) 털이 많은 숫염소

3) 큰 뿔과 네 뿔

4) 한 왕(작은 뿔)

말씀의 깨달음

1. 처음 이상은 바벨론이 멸망하고 메대와 바사가 나타난 장면과 그 뒤를 이어 헬라가 나타난 장면을 숫양과 숫염소로 상징하여 나타내고 있습니다. 이것은 세상 역사에 대한 하나님의 어떤 점을 말해 주고 있습니까?

Tip 세상의 역사는 인간이 지배하고 그림을 그려나가는 것이 아니라 하나님이 이미 계획하신 대로 진행해 나갑니다. 다니엘을 통하여 보여준 미래의 환상은 이것을 왕에게 보여주기 위함이었습니다.

2. 작은 뿔은 로마시대에는 안티오커스 4세인 에피파네스를 상징하고 이후에는 적그리스도를 상징합니다. 에피파네스는 이집트를 정복하여 프톨레미 4세를 패배시키고 로마로부터 이집트에서 떠날 것을 강요받고 돌아와 예루살렘에 불 지르고 사람들을 죽이며 유대인의 절기와 할례, 제사, 안식일 등을 금합니다. 뿐만 아니라 돼지 피로 성전을 더럽히고 제우스 신을 성전에 세워 백성에게 강제로 경배시키며 돼지고기를 먹지 않으면 죽였고 하나님을 모독하는 행위를 합니다(나중에 유다 마카비 때까지—하누카 축제). 이런 와중에 진리를 버리는 성도들이 많이 나타나게 됩니다. 앞으로 예견되는 이런 핍박들을 견뎌내기 위해 어떤 믿음의 모습을 가져야 하는지 말해 보십시오.

Tip 마지막이 올수록 믿음에 굳건히 서야 합니다. 믿음은 보이는 것이 아닌 보이지 않는 말씀으로 세워져야 합니다. 왜냐하면 마지막 시대는 보이는 것으로 인하여 고통을 당하고 실망하게 될 것이기 때문입니다. 보이지 않는 내적인 힘을 얼마나 가지고 있느냐가 신앙을 결정합니다. 눈에 보이는 것에 따라 이동하는 신앙은 진정한 어려움 앞에서 무너지기 때문입니다.

3. 적그리스도는 일시적으로 강대하여 힘을 발휘하나 결국은 패배하고 맙니다. 사단과의 싸움은 어떤 싸움인지 싸움의 본질에 대해서 말해 보십시오.(참고, 살후 2:1~12; 계 19:19~20, 21:6~8; 골 2:14~15)

Tip 우리의 싸움은 이미 이긴 싸움입니다. 사단은 십자가에 패배를 했습니다. 그래서 마지막이 올수록 더 강하게 우리를 압박해 옵니다. 사단은 가만히 두어도 결국은 패배합니다.우리가 이런 전략을 알고 대처한다면 담대하게 됩니다. 더 이상 사단의 속임수에 속지 말고 싸움의 정체를 성경을 통해서 확인해야 합니다.

말씀의 실천

1. 오늘 깨달음과 도전을 주는 말씀은 무엇입니까?

2. 오늘 말씀을 통해 이번 주에 실천해야 할 사항은 무엇인지 삶의 적용을 위한 구체적인 실천계획과 함께 말해 보십시오.

3. 오늘 말씀을 통해 발견한 기도제목은 무엇입니까? 아울러 함께 기도의 시간을 가지십시오.

내가 깨달은 영적 교훈과 삶의 적용

SCENE 16

다니엘의 기도

| 성경 본문 | 다니엘 9:1~19

본문은 6장의 사자굴 사건 무렵 다니엘이 포로기간이 70년이라고 예언한 예레미야의 기록(렘 25:11~12)을 발견한 후에 기도를 드리고 있는 내용입니다. 이때 다니엘은 80세의 노인으로 67년의 포로 생활 중에서 중보기도를 간절히 드리고 있습니다. 지금의 포로 생활은 그동안의 죄로 인한 하나님의 당연한 징벌의 결과이며 결국은 하나님이 민족을 구원하시고 온세계에 영광이 드러나는 소망이 담겨 있습니다. 특히 다니엘의 기도는 다니엘 자신을 위한 것이 아닌 하나님 자신을 위한 하나님을 향한 기도라는 점에서 우리에게 큰 도전을 주고 있습니다.

말씀의 살핌

1. 다리오 원년에 다니엘은 말씀을 통해서 무엇을 깨달았습니까?(1~2)

2. 하나님의 뜻을 깨달은 다니엘은 무엇을 결심했습니까?(3)

3. 다니엘의 기도 내용을 정리해 보십시오.

1) 하나님은 어떤 분입니까?(하나님의 성품)(4)

2) 인간의 죄를 회개(회개)(5~6)

3) 범죄의 결과와 이유(하나님의 뜻을 깨달음)(7~8)

4) 하나님의 자비를 구함(은혜 간구)(9)

5) 죄에 대한 구체적인 참회(죄의 실상 고백)(10~11)

6) 재앙에 대한 원인과 상황(재앙의 해석)(12~15)

7) 용서와 은혜를 구함(하나님의 자비 구함)(16~19)

말씀의 깨달음

1. 이스라엘의 고난은 이미 성경에 기록된 것입니다. 그리고 고난이 끝나는 날도 예언으로 기록되었습니다. 이것을 새롭게 깨달은 다니엘에게서 얻는 교훈과 의미는 무엇입니까?(참고, 렘 25:9~14, 29:10~14; 사 44:28)

Tip 모든 세상의 역사는 성경대로 이루어지고 있습니다. 성경을 잘 보면 역사를 해석할 수 있고, 우리가 어떤 자세를 가져야 할지 알게 됩니다.

2. 다니엘은 말씀을(예레미아서) 통해 하나님의 뜻을 깨닫고 기도하게 됩니다. 기도는 말씀에 근거해야 합니다. 말씀이 기도를 하게 해야 합니다. 말씀과 기도의 상관관계에 대해 말해 보십시오.

Tip 말씀이 없는 기도는 이방 기도가 됩니다. 하나님이 말씀하시지 않는데 어떻게 우리가 하나님께 말할 수 있습니까? 말씀과 기도는 동전의 양면처럼 늘 같이 가야 합니다.

3. 이스라엘이 재앙을 당한 것은 하나님의 말씀을 어겼기 때문입니다. 재앙은 죄의 결과로 온 것이며 하나님께서 준비하신 것입니다(12, 14절). 하나님께서는 택한 백성을 징벌해서라도 하나님께로 돌아오게 하십니다. 핍박과 재앙에 대한 그리스도인의 바른 자세를 말해 보십시오.(참고, 욥 1:21~22, 2:6)

Tip 재앙과 핍박은 말씀을 어긴 것에 대한 결과입니다. 지금이라도 하나님의 말씀을 순종하고 하나님에게 돌아오면 회복될 수 있습니다. 물론 죄 때문이 아닌 믿음을 장성케 하기 위한 시련의 핍박도 있습니다. 재앙과 핍박의 이중성을 안다면 훨씬 잘 이길 수 있습니다.

4. 다니엘은 하나님의 자비를 구하는 기도 중에서 '주를 위하여' 나 '주의(당신의)' 라는 표현을 17~19절에서 반복하여 강조하고 있습니다. 다니엘의 기도는 바로 응답되었습니다(고레스 원년 성 재건, 스룹바벨 성전 재건, 70이레). 이것의 의미는 무엇입니까?(참고, 출 32:11~14)

Tip 기도는 자기를 위한 것이 아닌 주를 위한 기도가 되어야 합니다. 그런 기도는 빨리 응답됩니다. 나를 위한 기도에서 주를 위하여, 나의 유익을 위한 기도에서 주의 영광을 위한 기도로 바꾸면 기적의 기도가 됩니다.

말씀의 실천

1. 오늘 깨달음과 도전을 주는 말씀은 무엇입니까?

2. 오늘 말씀을 통해 이번 주에 실천해야 할 사항은 무엇인지 삶의 적용을 위한 구체적인 실천계획과 함께 말해 보십시오.

3. 오늘 말씀을 통해 발견한 기도제목은 무엇입니까? 아울러 함께 기도의 시간을 가지십시오.

내가 깨달은 영적 교훈과 삶의 적용

SCENE 17

칠십 이레 (490년)의 예언

| 성경 본문 | 다니엘 9:20~27

다니엘은 구약 예언의 말씀을 연구하고 있었는데, 그때 그의 나이는 90세가 다 되었습니다. 하나님께서 약속하신 포로 귀환의 때가 다가왔습니다. 계산해 보면 2년 정도 남았습니다. 곧 있으면 다가올 포로 귀환을 염두에 두면서 본문을 읽어야 합니다. 칠십 이레 예언의 기록은 성경 중에서 가장 난해한 부분으로 많은 학자들 간에 해석 차이가 분분합니다. 어느 시점으로 보느냐에 따라 칠십 이레의 해석이 달라지고 있습니다. 사이비나 이단들이 사용하고 있는 본문이기도 합니다. 칠십 이레의 이상은 하나님의 손안에서 모든 역사가 이루어지며, 하나님을 소망으로 두고 살아가는 그리스도인의 삶에 소망이 있음을 말해 주고 있습니다.

말씀의 살핌

1. 다니엘이 죄를 고백하며 기도했을 때 누가 내려왔습니까?(20~21)

2. 천사 가브리엘의 말을 통해서 발견되는 다니엘의 인물 됨됨이에 대해 말해 보십시오.(22~23)

3. 가브리엘 천사가 다니엘의 기도에 빠르게 응답하며 전해준 내용에 대해 말해 보십시오.

1) 하나님이 백성과 거룩한 성을 위하여 정해준 기간은 얼마이며, 그 때는 어떤 일이 일어납니까?(24)

2) 예루살렘 성 재건 때부터 시작하여 하나님이 택한 왕이 올 때까지의 기간은 얼마입니까?(25)

· 일곱 이레—49년, 육십이 이레—434년, 곤란한 동안(7주~7년)

3) 십이 이레 후에 기름부음 받은 자는 어떻게 되며 그 뒤에 어떤 일이 일어납니까?(26)

4) 한 왕은 어떤 일을 합니까?(27)

5) 성도를 심하게 박해하던 적그리스도는 결국 어떻게 됩니까?(27)

말씀의 깨달음

1. 하나님의 심판은 숫자 7을 중심으로 이야기됩니다. 하나님이 정한 안식일, 안식년, 희년의 법을 어김으로 인해 안식의 개념으로 70년의 포로생활을 하게 됩니다(대하 36:21, 레 26:34~35). 이것과 관계하여 다니엘이 소개받는 미래의 70주간의 새 안식법은 어떤 의미가 있습니까?

Tip 70주간으로 표현되는 바벨론 70년과 같은 안식의 날이 우리에게 다가옵니다. 그날이 언제인지 정확하지 않지만 하나님은 이 기간에 하나님의 백성과 거룩한 성을 위하여 구속 사업을 완성하십니다. 물론 이 기간이 얼마나 지속될지도 하나님만이 아십니다. 지금은 비록 힘들고 고난을 당하지만 우리의 마지막은 영원한 하나님의 나라에서 안식하는 것입니다.

2. 성경은 상징적인 숫자를 사용했기 때문에 정확한 연대나 숫자를 알 수는 없습니다. 추측만 할 뿐 정확한 것은 아무도 모릅니다. 예언은 일차적으로 시대적인 사실을 가리키면서 이차적으로는 그것을 모형 삼아 먼 미래를 예언하는 특성을 갖고 있습니다. 이를 토대로 칠십 이레를 해석한다면 우리는 어떤 의미로 예언을 정리할 수 있습니까?(참고, 마 24:3~14, 23~24, 34~36)

Tip 칠십 이레는 성경 중에서 가장 난해한 구절입니다. 칠십 이레에 대한 해석은 다양합니다. 1년을 360일로 계산하여 가브리엘이 말한 490년(483)을 7이레(49년)와 62이레(434년)와 1이레(7년)로 나누는 것이 공통적인 의견입니다. 칠십 이레의 시작은 아닥사스다가 에스라에게 귀환을 명한 때(458년)이고, 7이레(49년)는 예루살렘 성벽이 완성된 때(490년)이고, 62이레는 주후 25년인(434년) 그리스도가 공생애 시작과 복음을 전한 때이고, 3년 반의 곤란한 때(7년에 해당)는 그리스도가 십자가에 못 박히신 때입니다. 이것을 늦추어서 7주를 그리스도가 오시는 때로 보면 62주 후는 그리스도가 재림하시기까지가 되고 마지막 1주는 세상이 끝나는 적그리스도가 나타나는 시기가 됩니다. 또 62주는 예수님의 시대로 마지막 1주는 종말에 적그리스도가 나타날 7년 대환란을 말하기도 합니다. 분명한 것은 주님이 재림하신다는 것입니다. 성경은 주의 날이 분명히 있음을 말하고 있습니다.

말씀의 실천

1. 오늘 깨달음과 도전을 주는 말씀은 무엇입니까?

2. 오늘 말씀을 통해 이번 주에 실천해야 할 사항은 무엇인지 삶의 적용을 위한 구체적인 실천계획과 함께 말해 보십시오.

3. 오늘 말씀을 통해 발견한 기도제목은 무엇입니까? 아울러 함께 기도의 시간을 가지십시오.

내가 깨달은 영적 교훈과 삶의 적용

SCENE 18

천사와의 대화

| 성경 본문 | 다니엘 10:1~21

다니엘은 하나님의 나타나심 앞에 기절하게 되고 하나님은 다니엘을 두 번씩이나 어루만지십니다. 하나님은 다리오에게 능력을 주어 바벨론을 정복하게 합니다. 이 일로 포로 이스라엘 백성은 곧 귀환하게 됩니다. 사람들의 힘에 의해 역사가 진행되는 것 같지만 실상 알고 보면 하나님의 통치 속에서 역사가 이루어지고 있음을 보여주고 있습니다. 힘든 상황 속에서도 하나님은 자신의 백성과 종에게 나타나셔서 위로하시고 격려하며 구원의 은혜를 베푸십니다.

말씀의 살핌

1. 다니엘은 고레스 삼 년에 어떤 이상을 받았습니까?(1)

2. 다니엘은 세 이레 동안에 무엇을 했습니까?(2~3)

3. 다니엘이 힛데겔 강에서 본 이상은 무엇이었으며, 그 이상은 누구만 보았습니까?(4~7)

4. 이상을 본 후에 다니엘은 어떻게 되었습니까?(8~9)

5. 천사는 다니엘을 어떻게 깨웠습니까?(10~11)

6. 천사가 다니엘에게 어떤 말을 했는지 그 내용을 정리해 보십시오.(12~14)

7. 바사 제국의 멸망에 대한 이상을 받은 다니엘은 어떻게 했습니까?(15~17)

8. 누가 다니엘을 힘나게 했습니까? 그는 다니엘에게 두려워 말라고 하면서 하나님의 어떤 뜻을 전했습니까?(18~21)

말씀의 깨달음

1. 다니엘은 앞으로 일어날 세계 제국들의 전쟁을 이상으로 보았는데 여기서 '큰 전쟁' 이란 무엇을 말합니까?

Tip 국제적 전쟁아 일어나는 것을 의미하는데 이것은 그 배후에 있는 영적 세력들과의 싸움입니다. 그리스도인의 싸움은 결국은 하늘에 있는 악한 영들과의 싸움입니다. 우리 안에는 가장 큰 분이신 예수님이 계십니다.

2. 왜 다니엘은 세 이레 동안 좋은 떡과 고기와 포도주를 먹지 않고 얼굴에 기름을 바르지 않았습니까?

Tip 다니엘이 하나님을 만나기 위한 준비기간으로 볼 수 있습니다. 자신의 죄를 회개하고 돌아보는 시간입니다. 죄 있는 상태에서는 하나님을 만날 수 없습니다.

3. 다니엘은 이상을 받은 후에 왜 정신을 잃었습니까? 어루만지면서 깨우는 천사들의 손길은 하나님의 어떤 면을 말해 주고 있습니까?

Tip 다니엘은 하나님의 은총을 크게 받은 사람입니다. 다니엘은 무감각한 상태에서 잠들어 있었습니다. 바울이 그리스도를 다메섹에서 만났을 때와 같은 모습입니다. 하나님을 만날 때 입신하는 것과 같은 초자연적인 상태를 말합니다. 주님이 다니엘을 일으켜 세우면서 말씀을 듣게 하시는 모습을 통해 우리는 사랑과 인격적인 주님의 모습을 볼 수 있습니다.

4. 수호천사들의 싸움은 우리에게 무엇을 교훈하고 있습니까? 진리의 글에 기록된 것은 무엇입니까?

Tip 미가엘은 이스라엘의 수호천사입니다. 미가엘은 다니엘에게 가려는 천사를 도와 그를 막는 바사 국의 수호천사와 싸웠습니다. 진리의 글은 하나님의 미래 계획이 기록된 글입니다. 이 예언에 따라 바사가 망하고 헬라가 일어났습니다. 세상의 역사는 결국 말씀대로 성취됩니다.

말씀의 실천

1. 오늘 깨달음과 도전을 주는 말씀은 무엇입니까?

2. 오늘 말씀을 통해 이번 주에 실천해야 할 사항은 무엇인지 삶의 적용을 위한 구체적인 실천계획과 함께 말해 보십시오.

3. 오늘 말씀을 통해 발견한 기도제목은 무엇입니까? 아울러 함께 기도의 시간을 가지십시오.

내가 깨달은 영적 교훈과 삶의 적용

SCENE 19

열방에 대한 예언

| 성경 본문 | 다니엘 11:1~21

하나님은 열방들의 흥망성쇠를 계시하십니다. 페르시아가 헬라의 알렉산더 대왕에 의하여 멸망당하고, 그 헬라 역시 멸망하게 될 것을 계시하고 있습니다. 특히 헬라 제국이 분열된 이후에 분열된 제국간에 피비린내 나는 전쟁이 있을 것을 예언하고 있습니다. 실제로 헬라는 네 명의 장수에 의하여 분열됩니다. 이러한 예언은 모두 성취되었습니다. 인류의 역사는 철저히 하나님의 주권에 의하여 움직이고, 하나님을 경외하는 사람에 의하여 하나님의 역사 흐름이 바뀌어 감을 알 수 있습니다. 우리는 이런 과정을 통하여 세계관의 폭을 넓히고 하나님의 시선으로 역사를 바라보는 능력을 체득해야 합니다.

말씀의 살핌

1. 다니엘이 다리오 원년에 받은 이상은 무엇입니까?(1~4)

· 고레스의 넷째 아들 크세르크세스 왕은 살라미스 전투에서 헬라에게 패배하고, 알렉산더 사후에 알렉산더의 세 아들(로크사나, 헬라크레스, 발시나)이 아닌 네 부장(프톨레미, 카산더, 리시마커스, 셀류커스)이 지배합니다.

2. 남방에서는 어떤 일이 일어납니까?(5~6)

· 애굽의 프톨레미 1세가 강성하다가 더 강한 수리아의 셀류커스 1세가 등장합니다.

3. 수리아는 누구에게 패배했습니까?(7~8)

4. 북방왕(셀류커스 2세)은 남방왕을 쳤다가 나중에 어떻게 되었습니까?(9)

5. 셀류커스 2세 이후에 셀류커스 3세가 죽고 그의 동생 안티오커스 3세가 남방에 내려가서 무엇을 합니까?(10~12)

6. 북방왕(안티오커스 3세)은 더 많은 군대를 준비하여 나중에 어떻게 합니까?(13~15)

7. 전성기의 안티오커스 왕은 어디에 들어와서 어떤 정책을 펴게 됩니까(16~17)

8. 소아시아까지 진격한 안티오커스는 로마에게 어떻게 됩니까?(18~19)

9. 안티오커스 대왕의 두 아들 중(셀류커스 4세와 안티오커스 4세) 누가 왕위를 계승하게 됩니까? 이는 어떤 결과를 가져옵니까?(20~21)

말씀의 깨달음

1. 하나님께서 앞으로 일어날 일에 대해 다니엘에게 미리 알려주는 이유는 무엇입니까?

Tip 세계 열강들의 싸움이 일어나 혼란이 계속되지만 알고 보면 그것은 하나님의 섭리 속에서 일어나는 것입니다. 왕으로 등장하는 인간이 아닌 그 뒤에서 역사하는 하나님을 바라보기 위함입니다.

2. 세상의 역사는 하나님의 섭리 속에서 일어납니다. 악은 잠시 번성하나 나중에는 멸망합니다. 악을 번성하게 하는 과정을 통하여 알 수 있는 하나님의 의도는 무엇입니까?

Tip 헬라의 알렉산더가 죽은 후에 제국이 셋으로 나뉘는데 그중에 남방왕 프톨레미가 통치했던 수리아와 메소포타미아를 다스렸던 북방왕 셀류커스 간에 싸움이 전개됩니다. 다니엘 서는 이들의 싸움을 추적하고 있습니다. 모두가 하나님을 거역한 왕으로 잠시 동안에 번성하나 나중에는 패망합니다.

말씀의 실천

1. 오늘 깨달음과 도전을 주는 말씀은 무엇입니까?

2. 오늘 말씀을 통해 이번 주에 실천해야 할 사항은 무엇인지 삶의 적용을 위한 구체적인 실천계획과 함께 말해 보십시오.

3. 오늘 말씀을 통해 발견한 기도제목은 무엇입니까? 아울러 함께 기도의 시간을 가지십시오.

내가 깨달은 영적 교훈과 삶의 적용

SCENE 20

적그리스도

| 성경 본문 | 다니엘 11:22~45

본문은 셀류커스 왕조의 일곱 번째 왕인 안티오커스 에피파네스의 등극과 그의 간악한 성품, 그리스도인에 대한 핍박에 대해서 그리고 있습니다. 그가 어떻게 이스라엘을 핍박할 것인가를 예언하고 있으며, 유대교를 향한 핍박과 성전 모독 사건, 그리고 그로 인한 유디인의 항거의 내용이 기록되어 있습니다. 실제로 이 예언은 성전모독과 약탈이 이루어지고(BC. 167~164) 유대인의 핍박이 자행되면서 마카비 혁명(BC. 166)이 일어남으로 성취됩니다.

그러나 그런 박해자도 결국 멸망당함을 예언함으로써 일시적으로 적그리스도가 득세하나 종국적으로는 멸망당함을 예시하고 있습니다. 실제로 에피파네스는 병으로 허무하게 죽게 됩니다.

말씀의 살핌

1. 수리아를 지배한 셀류커스 4세가 독살당한 후에 왕위를 이은 안티오커스 4세는 어떤 일을 했습니까?(22~24)(기름진 곳은 팔레스틴 지역)

2. 적그리스를 상징하는 안티오커스 에피파네스는 남방을 어떻게 합니까?(25)

3. 자기의 진미를 먹는 자(애굽의 프톨레미 6세)는 결국 에피파네스를 어떻게 했습니까?(26~27)

4. 결국 북방왕(에피파네스)은 어디로 어떻게 돌아갑니까?(28)

5. 에피파네스는 2차 애굽 원정을 했지만 그 결과는 어떠했습니까?(29~30)

6. 에피파네스가 애굽 원정의 실패 분풀이로 예루살렘에 대해서 행한 악한 일은 무엇인지 말해 보십시오.(31~32)

7. 에피파네스의 박해로 인하여 유대 안에서는 순교자와 마카비 운동이 일어나는데, 그 내용은 무엇입니까?(33~35)

8. 에피파네스는 제우스신을 자기와 동일하게 대하면서 어떻게 하나님을 대적하였습니까?(36~39, 제사장직을 산 사람은 야손과 메네라우스다.)

9. 에피파네스의 정복과정과 마지막 모습을 정리해 보십시오.(40~45)

말씀의 깨달음

1. 안티오커스 에피파네스는 이스라엘을 가장 심하게 핍박한 왕으로, 그의 핍박을 견디지 못하고 배교하는 사람도 나타났습니다. 에피파네스의 핍박은 나중에 적그리스도의 등장과 핍박의 원형이 됩니다. 이것을 통해 느끼는 점은 무엇입니까?

Tip 안티오커스는 앞으로 나타날 적그리스도와 비슷한 역사적 인물입니다. 다니엘은 이때 당시에 이스라엘을 괴롭혔던 안티오커스를 통하여 장래에 나타날 세계의 독재 지도자를 그리고 있습니다. 결과적으로는 마지막에 나타날 적그리스도를 생각하게 합니다. 오늘도 이와 같은 유형이 계속 나타나고 있습니다. 히틀러와 같은 사람도 비슷한 경우입니다.

2. 아무리 적의 세력이 강하다고 해도 그것은 일시적입니다. 알렉산더 대왕도 33세 나이로 갑자기 말라리아에 걸려 죽었고, 로마도 나중에 멸망했습니다. 에피파네스도 갑자기 죽었습니다. 그가 죽을 때는 아무도 도와주는 사람이 없었고 정신착란으로 죽었을 것으로 추정합니다. 이것을 통해서 발견되는 영적 교훈은 무엇입니까?

Tip 악은 잠시 번성하나 졸지에 망합니다. 세상의 왕인 적그리스도가 대항하여 하나님의 영광을 넘보고 그리스도인을 공격하지만 마지막은 그리스도가 오심으로 승리합니다. 그때까지 참고 기다리는 자세가 필요한데 그것을 위해서는 믿음이 절대적입니다. 믿음이 인내하게 만듭니다. 결국은 승리한다는 믿음으로 세상 속에서 악과 대항하여 싸워야 합니다. 당장 눈앞만 보지 말고 먼 미래를 바라보고 살아가는 것이 믿음 생활의 원리입니다.

3. 왜 이런 강한 핍박이 하나님을 사랑하는 사람에게 닥치게 되는지 그 이유를 말해 보십시오.

Tip 세상의 모든 것은 결국 진리와 비진리의 싸움입니다. 세상에서의 성공이나 실패가 아니라 하나님의 말씀대로 살았느냐 아니냐입니다. 사단은 언제나 본질을 흐리게 합니다. 우리는 이 싸움의 본질을 잘 이해하고 대처해야 합니다. 자칫 하면 본질이 아닌 주변 것에 매여 시간을 보낼 수 있습니다.

말씀의 실천

1. 오늘 깨달음과 도전을 주는 말씀은 무엇입니까?

2. 오늘 말씀을 통해 이번 주에 실천해야 할 사항은 무엇인지 삶의 적용을 위한 구체적인 실천계획과 함께 말해 보십시오.

3. 오늘 말씀을 통해 발견한 기도제목은 무엇입니까? 아울러 함께 기도의 시간을 가지십시오.

내가 깨달은 영적 교훈과 삶의 적용

SCENE 21

마지막 때 일

| 성경 본문 | 다니엘 12:1~13

본문은 관점을 종말로 돌려 그때에 성도들이 적그리스도에 의하여 대환란을 겪게 되고 최후의 심판으로 영생과 영벌이 일어남을 이야기하고 있습니다. 주님은 이러한 예언의 내용을 잘 보관하라고 다니엘에게 당부하십니다. 이것은 오늘날 우리들이 환란을 당할수록 예언의 말씀을 잘 붙잡고 살라는 권고이기도 합니다. 본문은 묵묵히 마지막 때를 기다리며 오늘 일에 충실하라고 권면하고 있습니다. 때는 하나님의 권한에 있기에 그때를 바라보면서 오늘이 그 마지막 때일 수도 있다는 생각으로 하루를 최선을 다해 살아야 합니다. 궁극적으로는 승리할 것을 믿고 아무리 어려운 상황에서도 소망을 가지고 하나님의 역사 안에서 살아가라고 말하고 있습니다.

말씀의 살핌

1. 마지막 때에는 어떤 일이 일어납니까?(1~3)

2. 천사는 다니엘이 받은 이상의 말을 어떻게 하라고 이야기합니까?(4)

3. 두 천사가 나타나서 양쪽의 강(힛데겔 강)에서 무슨 대화를 나누고 있습니까?(5~6)

4. 다니엘이 들은 세상의 마지막 모습은 어떤 것입니까?(7)

5. 다니엘이 이 내용을 잘 깨닫지 못하여 묻자 하나님은 어떤 말씀을 하셨습니까?(8~12)

6. 다니엘의 마지막 모습은 어떠합니까?(13)

말씀의 깨달음

1. 대환란이 닥칠 때 이 환란을 이기기 위해서 우리는 무엇을 해야 합니까?

Tip 세상의 마지막에는 큰 환란이 우리를 기다립니다. 예를 들면, 매일 제사 드리는 것 조차 금지 당하고 악한 것들이 하나님을 대신하는 상황이 생깁니다. 말씀을 듣고 싶어도 듣지 못하는 핍박이 일어납니다. 이때는 평소에 가진 믿음으로 이길 수 있습니다. 평소에 가진 것이 마지막의 어려움을 이기게 합니다. 성경을 볼 수 없을 때 마음 속에 담은 말씀으로 승리해야 합니다. 말씀과 기도로 준비해야 합니다.

2. 종말을 사는 성도들의 자세는 무엇입니까? 하나님께서는 왜 다니엘에게 마지막 때까지 내용을 봉하라고 했습니까?

Tip 끝까지 기다리는 자가 복이 있습니다. 믿음은 기다림입니다. 정말 주님을 믿고 주님이 하신 말씀을 신뢰하면 우리는 기다릴 수 있습니다. 다니엘은 1,335일까지 기다리는 자가 복이 있다고 말합니다. 우리의 고난이 언제 끝날지 모르지만 끝까지 주님을 신뢰하고 기다리면 하나님의 심판의 날이 다가오고 구원 받는 날이 올 것입니다.

3. 그동안 다니엘 서를 연구하면서 느낀 점과 교훈을 정리해 보십시오.

Tip 다니엘 서는 이방의 압제와 핍박과 고난 속에서 어떻게 믿음을 지켜 나가고 주님을 의뢰하면서 살아가야 하는지를 보여주는 책입니다. 하나님의 그 뜻을 이루기 위하여 주님이 구원하는 그날까지 기다리면서 살아가야 합니다. 모든 역사는 인간이 하는 것이 아닌 하나님이 주도하시는 것임을 믿는다면 눈앞에 나타나는 세상의 일들에 실망하지 않을 것입니다. 이미 얻은 천국을 향해 가는 성도들은 어떤 경우에도 실패하지 않습니다. 왜냐하면 우리의 싸움은 이미 승리한 싸움이기 때문입니다. 중요한 것은 승리를 지키는 것입니다.

말씀의 실천

1. 오늘 깨달음과 도전을 주는 말씀은 무엇입니까?

2. 오늘 말씀을 통해 이번 주에 실천해야 할 사항은 무엇인지 삶의 적용을 위한 구체적인 실천계획과 함께 말해 보십시오.

3. 오늘 말씀을 통해 발견한 기도제목은 무엇입니까? 아울러 함께 기도의 시간을 가지십시오.

내가 깨달은 영적 교훈과 삶의 적용

저자 이대희 목사

장로회 신학대학교 신학대학원(M.Div)과 연세대학교 연합신학대학원(Th.M)을 졸업하고 현재 에스라성경대학원대학교 성경학박사(D.Liit) 과정 중이다.
예장총회교육자원부 연구원과 서울장신대학교 신학과 교수를 역임하고 서울 극동방송에서 "알기쉬운성경공부" "기독교 이해" 등 프로그램을 진행했다. 지난 20여 년 동안 성서사람 · 성서한국 · 성서교회 · 성서나라의 모토를 가지고 한국적 성경교육과 실천사역을 위해 집필과 세미나와 강의사역을 하고 있다. 현재 바이블미션(www.bible91.org) 대표, 꿈을주는교회 담임목사, 독수리기독중고등학교 성경교사, 강남성서신학원 외래교수, 서울장신대 겸임교수로 사역 중이다.
저서로《30분 성경공부시리즈》《투데이 성경공부시리즈》《아름다운 십대 성경공부시리즈》《이야기대화식성경연구》《성경통독을 위한 11가지 리딩포인트》《심방설교 이렇게 준비하라》《예수님은 어떻게 교육했을까?》《1% 가능성을 성공으로 바꾼 사람들》《자녀를 거인으로 우뚝 세우는 침상기도》《하룻밤에 배우는 쉬운 기도》《하나님 이것이 궁금해요》《크리스천이 꼭 알아야 할 100문 100답》등 100여 권이 있다.

다니엘

초판1쇄 발행일 | 2007년 9월 5일
초판2쇄 발행일 | 2009년 10월 8일

지은이 | 이대희
펴낸이 | 박종태
펴낸곳 | 엔크리스토
마케팅 | 정문구, 강한덕
관리부 | 이태경, 신주철, 임우섭, 맹정애, 이수진

출판등록 | 2004년 12월 8일(제2004-116호)
주 소 | 경기도 고양시 일산동구 장항동 568-17
전 화 | (031) 907-0696
팩 스 | (031) 905-3927
이메일 | visionbooks@hanmail.net
공급처 | 비전북 전화 (031) 907-3927 팩스 (031) 905-3927

값 3,500원

성서사람 · 성서교회 · 성서한국 · 성서나라를 꿈꾸는 **엔크리스토 성경대학**을 소개합니다!

특 징

성경 66권을 쉽고 재미있게, 깊이 있게 배우면서 한국적 토양에 맞는 현장과 삶에 적용하는 한국적 성경전문학교

모집과정(반별로 2시간씩이며 선택 수강 가능)

- 성경주제반: 성경의 중요한 핵심 120개의 주제를 소그룹의 토의와 질문을 통하여 배운다.(투데이성경공부/30분성경공부)
- 성경개관반: 66권의 성경 전체의 맥과 흐름을 일관성 있게 잡아준다.(잘 정리된 그림과 도표와 본문 사용)
- 성경책별반: 66권의 책을 구약과 신약 한 권씩 선정하여 워크숍 중심으로 학기마다 연구한다.(3년 과정)

모집대상

목회자반/ 신학생반/ 평신도반(교사, 부모, 소그룹 양육리더, 구역장, 중직)

시 간

월~목요일(오전 10시 30분~오후 5시 30분/ 개관반 · 책별반 · 주제반)

수업학제

겨울학기 : 12~2월 | 봄학기 : 3~6월 | 여름학기 : 7~8월 | 가을학기 9~11월
(자세한 내용은 홈페이지 참조 요망. 학기마다 사정에 따라 일자가 변경될 수 있음)

수업의 특징

- 이야기대화식 성경연구방법으로 12주(3개월 과정) 진행
- 전달이나 주입식이 아닌 성경 보는 눈을 열어주고 경험하게 하면서 성경의 보화를 스스로 캐는 능력을 터득하게 하는 방법을 지향하며 소그룹 워크숍 형태로 진행

강사 : 이대희 목사와 현직 성서학 교수와 현장 성경전문 강사

장소 : 바이블미션
서울시 송파구 가락동 96-5(지하철 8호선 가락시장역)

신청 : 개강 1주일 전까지 선착순 접수(담당 : 채금령 연구간사)

문의 : 바이블미션–엔크리스토 성경대학(016-731-9078, 02-403-0196)
(홈페이지 www.bible91.org)